Beck'sche Schwarze Reihe
Band 65

WERNER STROMBACH

Die Gesetze unseres Denkens

Eine Einführung in die Logik

VERLAG C. H. BECK MÜNCHEN

ISBN 3 406 02465 3

Einbandentwurf von Rudolf Huber-Wilkoff, München

Druck: Georg Appl, Wemding
Printed in Germany

INHALT

I. DER BEGRIFF

II. DAS URTEIL

III. LOGISCHE BEZIEHUNGEN ZWISCHEN DEN URTEILEN

IV. DIE OBERSTEN LOGISCHEN PRINZIPIEN

V. DIE SCHLÜSSE

VORWORT

> Du gleichst dem Geist, den du begreifst.
>
> Goethe, Faust

Zu den großen Ereignissen unserer Zeit gehören zweifellos die Erkenntnisse und Fortschritte im kybernetischen Bereich, z. B. in der Nachrichtenverarbeitung, in der es gelungen ist, gewisse Denkoperationen, die man traditionell für spezifisch menschlich und insofern technisch nicht reproduzierbar gehalten hatte, auf die Maschine zu übertragen. Dadurch, daß heute auch schon mittlere Betriebe datenverarbeitende Anlagen einsetzen und praktisch kein Zukunftsforscher (Futurologe) es unterläßt, die kybernetische Evolution (Entwicklung) in seine Überlegungen einzubeziehen, ist ein allgemeines Interesse erwacht, auch an den theoretischen Grundlagen der in diesen Anlagen sich vollziehenden Prozesse. Letzte theoretische Grundlage dieser Prozesse aber ist die *Logik* (griech. logos = Wort, Rede, Lehre).

Wer heute Logik sagt, denkt – und das liegt nahe – an ihre mathematisch-symbolische Form, die gelegentlich auch *Logistik* genannt wird. Und es gibt gute Bücher, die den Leser in diese Wissenschaft einführen. Unbestreitbar sollte, wer die wissenschaftlichen Probleme der Gegenwart verstehen möchte, wenigstens eines von ihnen gelesen haben. Sieht man sich diese Bücher aber aufmerksam an, so gewinnt man den Eindruck, daß sie in der Mehrzahl doch die historisch, auf dem Boden der ständig um Einsicht ringenden menschlichen Vernunft gewachsene Logik allzu sehr vernachlässigen. Ja manchmal setzen sie sogar beträchtliche Kenntnisse der traditionellen Logik einfach voraus, indem sie ohne weitere Erklärung vom Leser erwarten, daß er weiß, was Modalitäten sind, was vollständige Disjunktion ist, was der Schluß „Barbara" bedeutet usw.

Die Männer, denen wir die grundlegenden Arbeiten der

mathematischen Logik verdanken, haben die an das Wort gebundene, ich will jetzt sagen: die *Verballogik* (lat. verbum = Wort), durchaus gekannt. Das heißt: sie wußten, was Aristoteles, die Stoiker, die Scholastiker und die Neueren geleistet und gewollt haben. Darauf konnten sie weiterbauen. Der nicht entsprechend vorgebildete Leser weiß das aber nicht. Will er daher die Aussagen der modernen Logik wirklich verstehen und richtig würdigen, so muß er zunächst einen Einblick genommen haben in die Erkenntnisse und Probleme der Verballogik. Das ist umso notwendiger, als sie es ja ist, die unser Denken, unsere Sprache, damit aber auch unser Erkennen und unser Handeln entscheidend prägt.

Hier dem Interessierten etwas anzubieten, ist die Absicht dieses Buches. Es sollte – um gerade für das Selbststudium geeignet zu sein – nicht zu breit in der Darstellung werden, damit der Überblick und der Zusammenhang nicht verloren gehen. Es sollte aber auch nichts Wichtiges vorenthalten und schließlich zeigen, wo die Logik hingehört: in die Philosophie. Gegenstand philosophischen Fragens aber ist das Ganze der Wirklichkeit. Und da die Gesetze unseres Denkens ein Aspekt, vielleicht eine Evolutionsstufe, in jedem Falle eine Darstellung dieser Wirklichkeit sind, wird man den Zusammenhang von logischer und ontologischer (Ontologie = Wissenschaft vom Seienden), also auf die Seinswirklichkeit bezogener Gesetzlichkeit auch mit aufzuzeigen haben.

Das Buch soll schließlich in dem Sinne allgemein verständlich sein, daß es jedem Interessierten mit hinreichender Abstraktionsfähigkeit und dem Willen zur Einarbeitung den Zugang zu logischen Problemen öffnet. Denn Philosophie, so meine ich entgegen anderen Auffassungen, dient der Standortbestimmung des Menschen. Insofern ist sie ein Dienst am Menschen und an der Gesellschaft. Diese Dienstfunktion aber kann sie nur dann mit Aussicht auf Erfolg ausüben, wenn ihre Aussagen von denen, die dazu willens sind, bei angemessener Anstrengung nachvollzogen werden können.

Zur Erleichterung der Durcharbeitung folgen hier ein paar Ratschläge für Leser, die im Umgang mit wissenschaftlicher Literatur ungeübt sind:

1. Man liest grundsätzlich mit einem Bleistift in der Hand und streicht die Stellen an, die besonders wichtig erscheinen oder unerwartete oder von eigenen Vorstellungen abweichende Auffassungen enthalten. Mit diesen Stellen kann man sich später noch genauer befassen.
2. Unbekannte Ausdrücke übersetzt man, z. B. mit Hilfe des Duden, um den eigenen Wortschatz zu bereichern.
3. Ist ein Gedankengang unverständlich, so liest man vom Anfang des betreffenden Abschnitts an noch einmal. Bleibt er weiterhin unklar, so macht man an den Rand ein Fragezeichen und liest weiter. Wenn das betreffende Kapitel oder evtl. das ganze Buch gelesen ist, greift man auf die fraglich gebliebenen Passagen zurück. Dabei erscheint dann vieles leichter, und oft haben sich die Schwierigkeiten dadurch behoben, daß man einen besseren Überblick hat und die Zusammenhänge deutlicher erkennt.
4. Man sollte nicht weiter lesen, wenn die Konzentration nachläßt und die Gedanken abwandern. Was unkonzentriert gelesen wird, ist meistens verloren.
5. An mehreren Stellen des Buches ist es vorteilhaft, sich einer bildhaften Darstellung gewisser Zusammenhänge durch Figuren (z. B. Kreise) zu bedienen. Gerade als Anfänger sollte man von dieser Möglichkeit Gebrauch machen.

EINLEITUNG

Jeder Mensch denkt, plant, handelt und wendet dabei logische Gesetze an. Seine logischen Fähigkeiten kompensieren den Mangel an Instinktgesichertheit, über die das Tier verfügt. Und doch ist es etwas anderes, ob man diese Gesetze nur gewohnheitsmäßig und unbewußt gebraucht oder ob man sie selbst zum Gegenstand des Nachdenkens macht. Indem wir unsere „nach außen" gerichtete Aufmerksamkeit (intentio recta) umkehren und „nach innen" wenden (intentio obliqua) wird uns klar, daß wir bestimmte Denkstrukturen in uns herumtragen, die zwangsläufig in unser Verhalten, aber auch in unser Welt- und Seinsverständnis eingehen. Im Alltag zeigt sich die Notwendigkeit zur logischen Reflexion nur selten, in den Wissenschaften schon häufiger, und in den Grundlagenforschungen z. B. der Mathematik, Physik, Linguistik (Sprachforschung) usw. bilden logische Probleme den Kern der Untersuchungen. Deshalb sollte zumindest jeder, der mit wissenschaftlichen Fragestellungen konfrontiert wird oder sich mit ihnen befassen möchte, einen kleinen Exkurs in die Logik auf sich nehmen.

Es gibt aber noch andere Gründe, die für ein Studium der Logik sprechen. So sagt Alfred Tarski: „Ich würde jedem Studenten, unabhängig von seinem Studienfach, nahelegen, wenigstens einen elementaren Lehrgang über moderne Logik zu absolvieren. Meine Motive hierfür sind nicht ausschließlich intellektueller Natur. Das Hauptproblem, dem sich die Menschheit heute gegenübersieht, ist das der Normalisierung und Rationalisierung der menschlichen Beziehungen. Ich gebe mich nicht der Illusion hin, daß die Entwicklung der Logik – oder irgendeiner anderen theoretischen Wissenschaft – eine befriedigende Lösung dieses Problems mit sich bringen wird, aber ich glaube gewiß, daß eine Verbreitung der Kenntnis der Logik einen positiven Beitrag zur Lösung dieses Problems bedeuten kann. Denn auf der einen Seite führt die Logik durch die Klärung und Vereinheitlichung ihrer eigenen Begriffe und durch die Betonung der Notwendigkeit solcher Klärung und Vereinheitlichung auch auf anderen Gebieten zu der Möglichkeit eines besseren gegenseitigen Verständnisses zwischen denen, die guten Willens sind, sie sich anzueignen. Und auf der anderen Seite macht sie die Menschen durch Vervollkommnung und Verschärfung der Denkmittel kritischer – und hilft damit, ihre Irreführung durch all die Pseudo-Argumente zu verhindern, denen sie heute in vielen Teilen der Welt unaufhörlich ausgesetzt sind". (Literaturverzeichnis Nr. 28; 9 f.)*

Prinzipiell decken sich diese Gedanken mit der folgenden Auffassung Karl Steinbuchs: „Es geht in Zukunft immer weniger darum, in vorbedachten Situationen vorprogrammiertes Verhalten abzuspulen, sondern vielmehr darum, in nicht vorausdenkbaren Situationen vernünftig zu handeln. Dies ist viel schwieriger. Grundlagen für das Zurechtfinden in der zukünftigen, nicht vorausdenkbaren Welt bietet eine Erziehung, die auf Logik, Semantik, Kybernetik aufgebaut ist und Denkmodelle liefert, die nicht schon heute unbrauchbar sind, sondern Verständnis unbekannter Umwelten ermöglichen. . . .

Vermutlich am stärksten muß sich das Bildungsideal verändern. Manches, was heute noch als schöngeistige Bildung angesehen wird, muß als irrationalistische Unzucht des Denkens und geistige Verwahrlosung erkannt werden. Die symbolische Logik, die Semantik, die Ideologiekritik und die Psychoanalyse bilden den Ausgangspunkt für diese intellektuelle Revolution. Die Notwendigkeit für diese Revolution ergibt sich daraus, daß die komplexe Gesellschaft, in der wir leben, nicht mehr mit der Erziehung zum geistigen Gehorsam und zum Denkverzicht im Namen irgendeiner Bekenntnistreue reguliert werden kann." (LV 26; 146 ff.).

Hier ist nicht der Ort zu einer kritischen Auseinandersetzung mit Steinbuch. Deutlich machen sollten die beiden Zitate allein die Bedeutung der Logik für das Denken unserer Zeit. Das soll jedoch keine Rechtfertigung eines *Rationalismus* (lat. ratio = Vernunft) sein, in dem kein Platz mehr ist für die Anerkennung

* Künftig steht statt „Literaturverzeichnis Nr." nur „LV . . .".

von Irrationalitäten, – der keine Grenzen des Rationalisierbaren anerkennt und meint, logische Erkenntnis öffne die letzten Türen des Seins, des Menschen und der menschlichen Gesellschaft. Im Gegenteil: daß in aller tieferen Erkenntnis ein – wie schon Nicolai Hartmann († 1950) sagte – irrationaler Rest steckt, daß die menschliche Existenz von irrationalen Elementen mitbestimmt ist und daß sich mithin auch nicht alle soziologischen Beziehungen durchgehend rationalisieren lassen, kann wohl nicht ernsthaft bestritten werden. Dort aber – und darin haben Tarski und Steinbuch sicher recht – wo eine Rationalisierung adäquat ist, dort sollte sie vollzogen werden. Nur sollte sie so vollzogen werden, daß sie dem irrationalen Element eine Chance läßt, und das heißt nichts anderes, als daß sie dem Menschen wesensgerecht ist. Fundament dieser rational gesetzten Ordnung ist die Logik. Und das Wissen um ihre Grenzen schließt nicht die Notwendigkeit aus, sie gründlich zu studieren.

Nun sprechen die beiden vorstehenden Zitate von moderner, mathematischer oder symbolischer Logik. Da aber – und das wurde schon im Vorwort erwähnt – die Wurzeln dieser modernen Formen in der traditionellen, unserem Denken und Sprechen immanenten Logik liegen, und da es methodisch sinnvoll ist, von den Grundlagen zu den neueren Entwicklungen aufzusteigen, soll hier die noch nicht kalkülisierte und nur wenig symbolisierte Logik, die Verballogik, dargestellt werden.

Gegenstand der Logik

Am Anfang unserer Überlegungen muß die Frage stehen: Was ist Logik, was will die Logik, was ist ihr Gegenstand? Gegenstand der Logik ist sicher das Denken der Menschen, aber nicht das Denken als physiologisch-psychologischer Vorgang, sondern vielmehr der Inhalt des Denkens: die Gedanken. Insofern man rein unter dem Gesichtspunkt formaler Richtigkeit Gedankenzusammenhänge untersucht, spricht man auch von *formaler Logik.* Sie unterscheidet sich von der *materialen* oder *realen Logik,* bei der die Beziehung von Gedanke und Gegenstand des Gedankens, oder, wie Kant († 1804) sagt, die Frage nach den Bedingungen der Möglichkeit wirklicher Erfahrung im Vordergrund steht. Man nennt diese Form – und daran werden auch wir uns halten – zweckmäßiger *Erkenntnistheorie* oder *Erkenntniskritik*. Bei der formalen Logik also geht es um die Richtigkeit von Gedankenzusammenhängen; man sagt aus diesem Grunde auch, sie sei die Wissenschaft von den inneren Gesetzmäßigkeiten unseres Denkens.

Das Problem ist nun folgendes: Sind nicht die Gesetzmäßigkeiten unseres Denkens abhängig von unserer seelisch-geistigen Konstitution und sind damit nicht die logischen Gesetze im Grunde genommen psychologische (griech. psyche = Leben, Seele)? Dieser Auffassung hat man den allgemeinen Namen *Psychologismus* gegeben. Genauer spricht man dann von *Anthropologismus* (griech. anthropos = Mensch), wenn man im Menschen, nicht im einzelnen, aber in der Art „Mensch", in seiner geistigen Struktur, die Norm zur Entscheidung über Wahrheit und Falschheit sieht. Die Gegner, insbesondere Edmund Husserl († 1938), sehen darin einen unzulässigen Relativismus, der die Existenz absoluter Wahrheiten bestreite und zu der Konsequenz zwinge: wären unsere Denkgesetze andere, dann wäre auch die Wahrheit eine andere. Dagegen erforsche die Logik doch gerade zeitlos-ideale Wesenszusammenhänge, die unabhängig von ihrem Erfaßtwerden durch den Menschen in absoluter Weise bestehen.

Eine Einführung in die Logik ist nicht der Ort, um diese Problematik in ihrer Tiefe zu behandeln. Ich möchte verweisen auf Überlegungen, die ich bereits in meinem Buch „Natur und Ordnung" (C. H. Beck, München 1968, Becksche Schwarze Reihe Bd. 53) angestellt habe: Es wird nicht bestritten, daß es zeitlos-ideale Wesenszusammenhänge (Ordnungsstrukturen) des Seienden gibt. Wissen aber können wir von dieser, der Wirklichkeit immanenten Seinsordnung nur insoweit als wir sie erfahren, d.h. wahrnehmen und denken können. Unsere Denkgesetze sind eine Form der evolutiven Entfaltung dieser Seinsordnung, so wie auch die Ordnungsbeziehungen im Unbelebten und im Belebten derartige Entfaltungen sind. Mit der Struktur, mit dem „materiellen Substrat", an dem diese Ordnungsentfaltung sich vollzieht, sind aber auch ihre Möglichkeiten fixiert. So wie die Fähigkeiten eines

Computers abhängen von der Anzahl seiner Schaltelemente und der Vielfalt seiner Verdrahtungen, kurz gesagt von seinem Komplexitätsgrad, so hängt auch unsere Gehirnleistung ab von der physiologischen (hier etwa: körperhaften) Struktur unseres Gehirns, wenn auch dessen Komplexitätsgrad unvergleichlich größer ist als der der besten bis heute konzipierbaren Mechanismen. Das ist kein naiver Materialismus, weil eben menschliches Sein und Wesen sich nicht in dieser logischen Funktion des Gehirns erschöpft. Für sie aber gibt es Grenzen, auf die wir durch logische Antinomien (Widersprüche) und erkenntnistheoretische Probleme, wie etwa im subatomaren Bereich, immer wieder hingewiesen werden. Wenngleich sich also eine Wahrheit uns in unbezweifelbarer Evidenz (Einsicht) darstellt, so ist sie eben doch im Grunde Wahrheit innerhalb unseres Erkenntnis- und Aussagesystems, „Wahrheit für uns", „Sein für uns", für die species (Art) Mensch. Es läßt sich nicht angeben, wie weit sie von einer „Wahrheit an sich" entfernt ist, und es läßt sich auch nicht angeben, ob eine weitere Evolutionsstufe mit komplexeren Einsichten möglich ist.

Natürlich ist das für den menschlichen Alltag überhaupt kein Problem. Denn hier kommt es ja nur darauf an, die logischen Möglichkeiten zu nutzen, wie sie sich bieten. Das gilt auch für die optimale Gestaltung des gesellschaftlichen Lebens entsprechend den Vorstellungen etwa von Tarski oder Steinbuch. Die logischen Möglichkeiten sind bestimmt von der Ordnung des Denkens, die wir reflektierend in uns vorfinden. Und die Produkte dieses Denkens, die *Gedanken* also, sind *Setzungen* in einer idealen Sphäre, im Unterschied etwa zu Setzungen im Realen, wie es z. B. die Produkte der Technik sind. Deshalb akzeptieren wir durchaus die Ansicht Alexander Pfänders, wenn er sagt, daß das Denken den Gedankengehalt produziere und daß trotz dieser innigen Vereinigung von Denken und Gedanke beide doch im Grunde wesensverschieden seien: das eine ist ein im Menschen ablaufender physiologisch-psychischer Prozeß, der andere ist ideale Setzung des Menschen, die auch Unwirkliches meinen kann. „Alles, was man von den Gedanken mit Recht behaupten kann, daß sie nämlich sprachlich formuliert, ausgesprochen, mitgeteilt, dargelegt, niedergeschrieben, aufgesammelt und geordnet werden können, hat in bezug auf das Denken keinen rechten Sinn. ... Auch läßt sich das Denken nicht begründen, beweisen oder wiederlegen, wohl aber kann man Gedanken begründen, beweisen oder widerlegen.“ (LV 20; 15)

Damit bestimmt sich die formale Logik als systematische Wissenschaft von den Gedanken mit der Aufgabe, das *Wesen* und die *Arten* der Gedanken zu erkennen; ihre letzten *Elemente*, aus denen sie aufgebaut sind, herauszustellen; die Arten und die Gesetze des *Aufbaues* der verschiedenen Gedankenarten zu erforschen und die verschiedenartigen *Verhältnisse, Beziehungen* und *Zusammenhänge*, in denen Gedanken gleicher und verschiedener Art zueinander stehen, zu untersuchen“ (Pfänder LV 20; 17).

Logik – Ontologie

Zum Verständnis unserer weiteren Überlegungen ist es notwendig, den Unterschied von logischer und ontologischer Fragestellung zu kennen und zu beachten. Die Welt der Gegenstände, auf die sich unser Denken beziehen kann, nennen wir die ontologische oder Seinswirklichkeit. Dabei spielt es keine Rolle, ob die Gegenstände dieser Wirklichkeit vom Menschen vorgefunden oder real oder ideal gesetzt sind. Aussagen über diese, dem Denken transzendente (hier etwa: gegenüberstehende) Wirklichkeit, sind *ontologische*, Aussagen über die Ordnung der Gedanken *logische*. Die Frage nach der Erkennbarkeit der Wirklichkeit und nach der Gewißheit unserer Erkenntnisse ist eine *erkenntnistheoretische*, die Frage nach dem Vollzug des Wahrnehmungs- und Denkaktes eine *psychologische*.

Da nun das Seiende in seiner Gesamtheit Gegenstand der Ontologie ist, und da unsere Gedanken ja auch Seiendes, wenn auch ideal Seiendes sind, muß die ontologische Ordnung die logische mit umfassen: die logischen Gesetze müssen als Ausdruck einer übergreifenden ontologischen Gesetzlichkeit verstanden werden. Deshalb werden wir auch immer wieder enge Zusammenhänge zwischen ontologischen und logischen Beziehungen bemerken. So bekommt z. B. der in der Logik sehr wichtige Satz vom Widerspruch, d. h. daß A und nicht-A sich ausschließen, ontologisch die Bedeutung, daß eine gewisser Sachverhalt nicht zugleich sein und nicht sein kann. Dieser Zusammenhang wurde bereits von Aristoteles (4. vorchr. Jahrhundert) gesehen, und wir werden später auf ihn noch genauer zurückkommen.

Eine Skizze soll das Gemeinte etwas verdeutlichen:

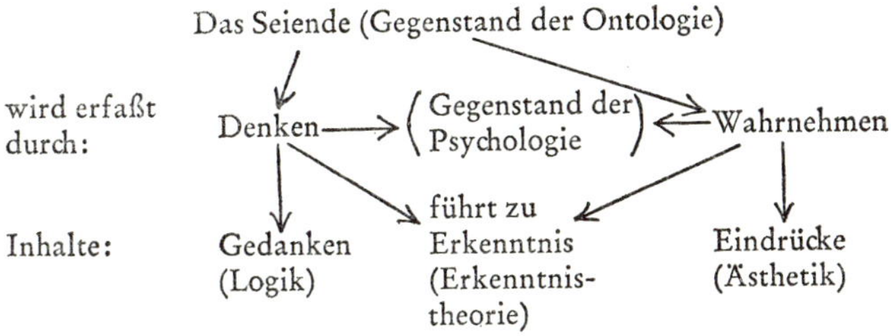

Wenn wir aber sagten, unser Anliegen sei es, in die *formale* Logik einzuführen, so müssen wir die Frage, ob denn ein Sachverhalt nun wirklich so besteht, wie er angenommen wird, ausklammern und rein formal die Richtigkeit von Gedankenzusammenhängen untersuchen und in Gesetzen aussprechen. So werden wir z. B. untersuchen, welche logischen Folgerungen sich aus der Aussage A ergeben, einmal unter der Annahme, sie sei wahr, dann unter der Annahme, sie sei falsch. Ob sie tatsächlich wahr oder falsch ist, interessiert überhaupt nicht. Formal richtig ist z. B. folgender Schluß:

Alle Katzen sind Wirbeltiere
Alle Wirbeltiere sind Pflanzenfresser

Alle Katzen sind Pflanzenfresser.

Inhaltlich ist dieser Schluß natürlich falsch, und zwar weil die „zweite Prämisse" (alle Wirbeltiere sind Pflanzenfresser) falsch ist. Formal ist er aber richtig. Die formale Richtigkeit wird besonders deutlich, wenn man dem Schluß eine hypothetische (bedingte) Form gibt:

Wenn alle Katzen Wirbeltiere sind und
wenn alle Wirbeltiere Pflanzenfresser sind,
---
dann sind alle Katzen Pflanzenfresser.

Die Entscheidung der Frage, ob die beiden, jeweils über dem Strich stehenden Annahmen wahr sind, ist keine Angelegenheit des Denkens, sondern der (wissenschaftlichen) Erkenntnis. Die formale Logik ist frei von derartigen Tatsachenbezügen.

I

DER BEGRIFF

Denkinhalte (Gedanken) erfassen wir in Begriffen, d. h. wir denken in Begriffen, verknüpfen Begriffe zu Urteilen und ziehen schließlich aus den Urteilen Folgerungen, Schlüsse. Somit umfaßt die Logik zunächst die Lehre vom Begriff, vom Urteil und vom Schluß.

Begriffe sind rein geistige und insofern unanschauliche Gehalte. Wir können Begriffe bilden und mit ihnen denkend operieren, auch wenn sie anschaulich nicht vorstellbar sind. Ob unanschauliche oder – wie Kant sagt – „leere", d. h. von sinnlichem Inhalt leere Begriffe zu einer Erkenntnis führen, ist eine Frage, die hier nicht erörtert zu werden braucht. Grundsätzlich kann man Vorstellungen dem Bereich der inneren Wahrnehmung zuordnen und sie insofern vom reinen Denken unterscheiden. Begriffe ohne auf Sinneswahrnehmung beruhenden Inhalt sind die sogenannten *abstrakten* Begriffe wie Recht, Weisheit, Freiheit, Unendliches, Staat usw., bei genauerer Prüfung aber auch *Allgemeinbegriffe,* z. B. Dreieck, Kugel, Farbe usw. Gelegentlich werden unsinnliche Begriffe auch Ideen genannt.

Begriffsbildung

Hinsichtlich der Begriffsbildung unterscheiden wir *Analyse* und *Synthese.* Analysieren kann man z. B. Begriffe, die aus äußerer oder innerer Wahrnehmung stammen: Man sieht ein rechtwinkliges Dreieck und abstrahiert die Allgemeinbegriffe Dreieck, ebene Figur usw. Desgleichen werden aus inneren Erlebnissen Begriffe wie Freude, Zufriedenheit, Liebe usw. abstrahiert. Synthetische Begriffe sind z. B. imaginäre Zahl, überpositives Recht, Staat usw.

Zur Fixierung des Begriffes bedient sich der Mensch seiner sprachlichen Mittel, wodurch sich eine enge Beziehung von Denken und Sprache nahelegt. Am weitesten geht hier wohl Benjamin Lee Whorf, wie das folgende Zitat zeigt: „Als die Linguisten so weit waren, eine größere Anzahl von Sprachen mit sehr verschiedenen Strukturen kritisch und wissenschaftlich untersuchen zu können, erweiterten sich ihre Vergleichsmöglichkeiten. ... Man fand, daß das linguistische System (mit anderen Worten, die Grammatik) jeder Sprache nicht nur ein reproduktives Instrument zum Ausformen von Gedanken ist, sondern vielmehr selbst die Gedanken formt, Schema und Anleitung für die geistige Aktivität des Individuums ist, für die Analyse seiner Eindrücke und für die Synthese dessen, was ihm an Vorstellungen zur Verfügung steht. Die Formulierung von Gedanken ist kein unabhängiger Vorgang, der im alten Sinne dieses Wortes rational ist, sondern er ist beeinflußt von der Grammatik. Er ist daher für verschiedene Grammatiken mehr oder weniger verschieden" (LV 31; 11 f.). Damit geht Whorf noch über die These, daß der Mensch in seinen Kategorien (hier etwa: Schemata) denke, insofern hinaus, als er gewissermaßen die Denkkategorien mit den sprachlichen Aussagemöglichkeiten identifiziert. Das Aussagesystem – hier die natürliche Sprache – wird ihm nicht nur zur Erkenntnis-, sondern auch zur Denkgrundlage, eine sicher interessante und nicht irrelevante These, die wir aber in unserem Rahmen nicht weiter diskutieren können.

Häufiger bezeichnet man den Begriff als das „innere Wort", das zur Bildung des äußeren drängt. Und erst durch die Formulierung des äußeren Wortes wird das innere (der Begriff) schärfer, wird dauerhaft, mitteilbar und gewinnt dadurch stärkeren Einfluß auf das allgemeine geistige Leben. Das besagt nicht, daß man den Unterschied von Begriff und Wort vernachlässigen dürfe. Das Wort ist ein äußeres Zeichen für einen inneren Begriff. Der Begriff kann den Bedeutungsgehalt eines Wortes ausmachen, doch kann sich ein Wort auch auf verschiedene Begriffe beziehen, wie umgekehrt auch ein Begriff unterschiedlichen sprachlich-symbolischen Ausdruck finden kann. Wörter bestehen aus Lauten bzw. Buchstaben, Begriffe sind einfache geistige Gehalte. Und schließlich kann es vorkommen, daß man einen Begriff früher hat als ein dazu passendes Wort.

Averbale Begriffe?

Daß der Mensch rein averbale Begriffe, d. h. Denkinhalte, die nicht durch ein Wort oder eine Wortfolge fixiert sind, bildet oder operativ anwendet, sollte man in Übereinstimmung mit Whorf bestreiten. Im Tierreich aber, so meint Bernhard Rensch, müsse man von averbaler Begriffsbildung sprechen. Insbesondere sei wohl schon den Wirbeltieren und den höheren Wirbellosen, bei denen sich die Fähigkeit zeigt, zu lernen und so zu handeln, als verfügten sie über averbale Begriffe, zuzugestehen, daß sie zumindest *vergleichen und analysieren* können. „Wie Tierexperimente lehren", sagt Rensch, „kann eine averbale Begriffsbildung rein *passiv* erfolgen. Wenn wir z. B. einen Fisch dressieren, stets die kleinere von zwei Kreisflächen zu wählen und dabei die Musterpaare mehrfach etwas in der Größe abwandeln, so wird er bei Darbietung von zwei verschieden großen Dreiecken, Rechtecken und anderen Figuren dann auch meist spontan jeweils die kleinere Figur wählen, d. h. er wird sich so verhalten, als ob er einen Begriff von ‚größer und kleiner' gebildet habe. Bei manchen Vögeln und höheren Säugetieren lassen sich durch mehrfache Abwandlungen erlernter Musterpaare auch sehr viel abstraktere averbale Begriffe erzeugen. Ein in unserem Zoologischen Institut dressierter Schimpanse, der gelernt hatte, ein meißelartiges Eisenstück mit einer kurzen Schneide von 1,5 cm Breite zum Lockerschrauben von entsprechend großen Flachkopfschrauben zu benutzen, nahm spontan auch einen ihm zuvor unbekannten Schraubenzieher mit rotem Holzgriff und 8,5 cm langem Stift mit nur 4 mm breiter Schneide, um eine entsprechend feine Rindkopfschraube damit locker zu drehen (B. Rensch und J. Döhl 1967). Ch. B. Ferster (1964) gelang es sogar, Schimpansen darauf zu dressieren, die von 1 bis 7 wechselnde Anzahl auf einen Glasschirm projizierter Figuren (z. B. Dreiecke) als binäre Zahlen durch entsprechendes Ein- und Ausschalten von 3 in einer Reihe angeordneten Lampen wiederzugeben (z. B. 2 = dunkel-hell-dunkel, 5 = hell-dunkel-hell usw.)" (LV 21; 160f.)

Ob man nun das, was die Tiere durch Erfahrung hier in ihr Gedächtnis einspeichern und unter gleichen oder ähnlichen Bedingungen reproduzieren, Begriffsbildung nennen will, ist eine Frage, um die man nicht zu streiten braucht. Für die menschliche Erkenntnissituation ist festzuhalten, daß der Mensch durch die verbale Fixierung seiner Begriffe nicht von der Unsicherheit solcher Erinnerung abhängt, daß seine Begriffe dauerhaft und mitteilbar sind.

Das Wort

Demnach hat A. I. Wittenberg völlig recht, wenn er im sprachlichen Ausdruck die Materialisation der Gedanken sieht, die damit aus der dumpfen Gestaltlosigkeit des bloßen „Uns-Vorschwebens" herausgehoben werden (LV 32; 101). Aber diese Materialisation im Wort ist eben auch nur so möglich, wie sie von der Struktur der Materie zugelassen wird, d. h. hier von den Möglichkeiten der Sprache. Daher die enge Verknüpfung von Begriff und Wort, und daher auch die immer wieder unternommenen Versuche, durch Schaffung von Kunstsprachen über die Unzulänglichkeiten der Alltagssprache hinwegzukommen.

Solche sprachlichen Mängel, die den Exaktheitsforderungen der Logiker nicht genügen, sind vor allem:

a) die Äquivokationen der Wörter. Es gibt mehrdeutige (äquivoke) Wörter, die bei völliger Gleichheit Unterschiedliches meinen können, so z. B. die Wörter: Rose (Blume, Krankheit, Windrose), Tau (Seil, Feuchtigkeit) usw. Da Mehrdeutigkeiten aber zu Trugschlüssen Anlaß geben können, dürfen sie in strengen logischen Systemen nicht auftreten.

b) die Möglichkeit sinnloser Wortverbindungen. Denn unsere Sprache schließt von sich aus unsinnige Begriffskombinationen, wie z. B. „Tugend singt gefrorene Integrale", nicht aus.

c) das Auftreten logisch-sprachlicher Antinomien. Eine Antinomie ist ein konstruierbarer Widerspruch, der ohne besondere Sprachregelung nicht beseitigt werden kann. Die Antinomienlehre kommt aus der Antike und findet ihr klassisches Vorbild in dem Satz: „Ein Kreter sagt: alle Kreter lügen", wonach also auch er lügt, falls er „die Wahrheit sagt". Eine besonders interessante Antinomie wurde 1903 von B. Russell im Hinblick auf die Mengenlehre angegeben. Man hat die Russellsche Antinomie mathematisch, häufiger aber auch in der Gestalt von Beispielen dargestellt; ein besonders gelungenes dürfte das folgende sein:* Ein Bibliothekar erhält den Auftrag, alle Bücher einer Bibliothek in einen Katalog G aufzunehmen. Da der Katalog G selbst auch in die Bibliothek eingestellt werden soll, muß er mit aufgenommen werden, d. h. er muß sich selbst enthalten. Nun gibt es in dieser Bibliothek neben dem Gesamtkatalog G noch weitere Kataloge F über einzelne Fachbereiche, also z. B. F_1 = Mathematik, F_2 = Philosophie usw. Alle diese Fachkataloge F enthalten sich natürlich nicht selbst, sondern nur die Fachbücher des betreffenden Bereichs. Die Antinomie entsteht, wenn der Bibliothekar vom Bibliotheksleiter den Auftrag erhält, einen Katalog K aller Kataloge zu fertigen, die sich nicht (wie G) selbst enthalten. Nehmen wir an, der Bibliothekar beginne jetzt also, alle vorhandenen Fachkataloge F in den Katalog K einzutragen und lege seine Arbeit dem Leiter vor. Dieser prüft, ob sein Auftrag, alle Kataloge einzutragen, die sich nicht selbst enthalten, erfüllt wurde. Er stellt fest, daß K sich selbst nicht enthält, also aufgenommen werden muß. Der Bibliothekar trägt den Katalog nach und legt seine Arbeit wieder vor. Der Leiter stellt fest, daß der Katalog jetzt einen enthält, der – entgegen seinem Auftrag – sich selbst enthält – nämlich K. Also muß der Bibliothekar ihn wieder streichen, und so geht das weiter. Was immer der Bibliothekar tut, ist falsch. Nimmt er den Katalog auf, dann enthält er sich selbst und gehört nicht hinein, streicht er ihn, dann enthält er sich nicht selbst und gehört hinein. Diese und andere Antinomien zu vermeiden, ist die Absicht von Kunstsprachen.

In der modernen Logik nennt man diese Kunstsprachen *Objektsprachen*. Zu ihnen gehört jedes formalisierte, z. B. mathematische, System, das man auch als *Kalkül* bezeichnet. Nun muß

* Für diesen Hinweis sowie für wertvolle Verbesserungsvorschläge danke ich Herrn Oberbaurat Walter Reyersbach.

für ein solches Formalsystem natürlich festgelegt werden, welche logischen Beziehungen in ihm gelten sollen, was in ihm „ableitbar“, „widerspruchsfrei“, „wahr“, „falsch“, „tautologisch“ usw. ist. Da aber der Grundsatz gilt, daß in der Objektsprache immer nur über einen bestimmten Objektbereich gesprochen wird, nie aber über die Objektsprache selbst, braucht man einen sprachlichen Hintergrund, um sich über die Objektsprache verständigen zu können. Dieser Hintergrund, die *Metasprache* (griech. meta = hinter), ist letztlich unsere Umgangssprache. Sie unterliegt nicht den Beschränkungen der Objektsprache, sie ist reichhaltiger in bezug auf die Möglichkeiten ihrer Aussagen, aber sie ist eben deshalb auch nicht frei von möglichen antinomischen Konstruktionen.

Kehren wir nach diesem Blick auf die Kunstsprachen zurück zu den Wörtern. Sie sind Zeichen in zweifacher Hinsicht: einmal Zeichen für unseren bewußtseinsimmanenten Begriff, dann aber auch für den damit gemeinten bewußtseinstranszendenten Gegenstand. So ist der Gegenstand „Gold“ ein stoffliches, der Begriff „Gold“ aber ein unstoffliches, gedankliches Gebilde. Die Buchstaben- und Lautverbindungen wiederum sind Zeichen für die Wörter.

Supposition der Wörter

Jedem Wort kommt eine Bedeutung oder Supposition (lat. supponere = unterlegen) zu. Wir unterscheiden neben den schon erwähnten äquivoken (mehrdeutigen) Wörtern noch univoke (eindeutige) und analoge. Univoke Wörter sind solche, die in völliger Eindeutigkeit auf einen bestimmten Begriff bezogen werden: Dackel, Waschmaschine, Mount Everest. Analoge Wörter stehen gewissermaßen zwischen den äquivoken und den univoken. Die Analogie beruht meist auf Ähnlichkeit oder Proportionalität. So sprechen wir von heiterem Wetter, vom Fuß des Berges, vom Blatt der Säge, von gesunder Lebensweise usw. Wendet man analoge oder äquivoke Wörter mehrdeutig an, so entstehen Fehlschlüsse, wie z. B. folgender: „Ein kluger Politiker ist ein Fuchs, Füchse stehlen Hühner, ein kluger Politiker stiehlt Hühner.“

Eine unterschiedliche Supposition liegt aber auch dann vor, wenn ein Wort gar nicht in realer, sondern in logischer Bedeutung genommen wird. Nimmt man z. B. das Wort „Sokrates“ in realer Supposition, so bezieht es sich auf den Menschen Sokrates, wie in dem Satz „Sokrates war ein Grieche“. Nimmt man dagegen das Wort „Sokrates“ in logischer (formaler) Supposition, so bezieht man es auf seinen logischen Gehalt, wie z. B.: „‚Sokrates‘ ist ein Individualbegriff“. Diese auf die Frühscholastik zurückgehende Lehre ist Vorläuferin der schon erwähnten heutigen Unterscheidung von Objektsprache und Metasprache, mit dem Unterschied, daß anstelle zweier Sprachen hier eine zweifache Supposition derselben Sprache erscheint.

Weiter wollen wir aber nicht über die Wörter diskutieren, sondern uns wieder den Begriffen zuwenden. Für den Logiker bedeutsam ist ihre Einteilung, die er nach anderen Gesichtspunkten vornimmt, als es etwa in der Grammatik der Fall ist. Wir unterscheiden zunächst Inhalt und Umfang eines Begriffes.

Inhalt

Der Inhalt (Intension) eines Begriffes ist die Summe der Merkmale des Gegenstandes (oder Sachverhaltes), auf den sich der Begriff bezieht. Die „Logique du Port Royal“ (17. Jahrhundert), an der u. a. Blaise Pascal beteiligt war, formulierte die Unterscheidung von Inhalt und Umfang (Ausdehnung) eines Begriffes erstmalig exakt und sagte: „Ich nenne Inhalt des Begriffs die Attribute, welche er in sich schließt und welche man ihm nicht nehmen kann, ohne ihn zu vernichten; so schließt der Inhalt des Begriffes des Dreiecks Ausdehnung, Figur, drei Gerade, drei Winkel, die Gleichheit dieser drei Winkel mit zwei rechten usw. in sich.“ (Bochenski LV 1; 303)

Einfache Begriffe können in ihrem Inhalt nicht verändert werden, bei zusammengesetzten ist das möglich, wie z. B. bei „Langstreckenläufer“, „rote Rose“, „Reitpferd“. Doch muß der darin liegende *Artbegriff* (Läufer, Rose, Pferd) erhalten bleiben.

Die Merkmale, die von einem Ding ausgesagt werden, nennt

man seine *Prädikamente* (lat. praedicatio = Aussage). Seit Aristoteles wird immer wieder versucht, die Prädikamente unter oberste Gattungen, *Kategorien,* zu ordnen. Sofern eine solche Unterteilung überhaupt als sinnvoll anerkannt wird, unterscheidet man zwischen Substanz (Wesenheit) und Akzidens (Zufälliges), innerhalb der Akzidentien dann wieder zwischen Eigenschaften, Zuständen und Beziehungen. Das heißt: die Substanz bezieht sich auf das Wesentliche eines Dinges, die Akzidentien betreffen Äußerlichkeiten.

Andere Einteilungen hinsichtlich des Begriffsinhaltes sind z. B. positiv – negativ, konkret – abstrakt, deutlich – verworren usw.

Umfang

Vom Inhalt eines Begriffes ist – wie schon angedeutet – sein Umfang (Extension) zu unterscheiden. Unter dem Umfang verstehen wir die – vom Inhalt abhängige – Eignung, auf eine mehr oder minder große Zahl von Gegenständen bezogen zu werden. Einen weiten Umfang haben also diejenigen Begriffe, die auf viele Gegenstände beziehbar sind, den geringsten solche, die nur einen einzigen Gegenstand bezeichnen. Im allgemeinen sind Inhalt und Umfang umgekehrt proportional, d. h.: je reicher der Inhalt, desto kleiner der Umfang und je größer der Umfang, desto ärmer der Inhalt. Man kann sich dieses Verhältnis etwa durch einen Vergleich der Begriffe Dackel, Hund, Tier, Lebewesen verdeutlichen.

Einteilung der Begriffe

Damit stoßen wir auf die Möglichkeit, Begriffe hinsichtlich ihres Umfanges einzuteilen. Schon oben (S. 15) hatten wir zusammengesetze Begriffe gefunden und gesagt, daß in ihnen ein Artbegriff (z. B. „Rose“ in „rote Rose“) enthalten sei. Mit diesen Artbegriffen sowie den ihnen übergeordneten Gattungs- und den ihnen untergeordneten Individualbegriffen wollen wir uns zunächst befassen. Wenn wir einen Begriff auf seinen Gegenstand beziehen, so kann dieser Gegenstand ein individueller sein (Fritz), eine Art (Mensch) oder eine Gattung (Lebewesen). Ein Beispiel soll die Zusammenhänge verdeutlichen.

Art und Gattung. Ich schreibe auf ein Blatt Papier eine „5". Neben dieser speziellen („individuellen") Fünf gibt es noch viele andere Fünfen, die andere Personen an Wandtafeln, auf Papier, unter Klausuren usw. schreiben. Alle diese vielen Exemplare der Fünf bilden gemeinsam die *Art* „Fünf". Nun weiß man aber, daß es ebenso die Art „Vier", die Art „Sechs", die Art „Hundert" usw. gibt. Diese Arten zusammen gehören zur *niederen Gattung* „natürliche Zahl". Und die niedere Gattung gehört zur *höheren Gattung* „Zahl", diese zur noch höheren „mathematischer Gegenstand" usw. Gelegentlich spricht man dann auch noch von niederer und höherer Art, weil ja die niederste Gattung in bezug auf die Art auch wieder als Art verstanden werden kann. Wir wollen diesen Möglichkeiten nicht weiter nachgehen und festhalten:

Einzelgegenstand:	eine ganz bestimmte „5"
Art:	Fünf
niedere Gattung:	natürliche Zahl
höhere Gattung:	Zahl
usw.	

Da diese Einteilung durch den Begriff hindurch auf die Gegenstände und auf die Gegenstandsordnung Bezug nimmt, sieht man in ihr auch mehr einen ontologischen als einen rein logischen Ordnungsvorgang. Der bekannteste und geschichtlich bedeutsamste Versuch einer solchen ontologischen Über- und Unterordnung der Begriffe ist der „Begriffsbaum" des Porphyrius (3. Jahrhundert n. Chr.), die arbor Porphyriana: vom allgemeinsten Begriff ausgehend gelangt man durch sukzessive inhaltliche Bereicherung zu immer engeren Gattungs- und Artbegriffen und schließlich zur niedersten Art, die dann nur noch durch Hinzufügen „akzidenteller Merkmale", d. h. äußerlicher Bestimmtheiten, in Individuen weiter aufgelöst werden kann.

	substantia (Substanz)	
incorporeum (unkörperlich)	>	corporeum (körperlich)
	corpus (Körper)	
inanimatum (unbelebt)	>	animatum (belebt)
	vivens (Lebewesen)	
insensitivum (unsinnlich)	>	sensitivum (sinnlich)
	animal (Sinneswesen)	
irrationale (unvernünftig)	>	rationale (vernünftig)
	homo (Mensch)	
	Sokrates	

In diesem Beispiel ist „homo“ die Art, „animal“ die niederste Gattung (genus proximum) und „rationale“ der artbildende Unterschied (differentia specifica). In der Art sah die alte Philosophie das Wesen der Dinge. Während heute oft die Auffassung vertreten wird, man finde das Wesen im Individuellen, das Wesen eines bestimmten Menschen also genau in dem, was ihm ganz persönlich zukommt, was ihn von anderen unterscheidet, aus der Masse der Menschen heraushebt, sah man in der aristotelisch-scholastischen Tradition das Wesen im Allgemeinen, das sich in der Art anzeigt. Die Gattung sagt das Wesen nur unvollständig aus. Vollständig bestimmt wird es erst durch Hinzutreten des artbildenden Unterschiedes, das Wesen des Menschen also durch den Begriff „animal rationale“. Was dann noch von den Individuen ausgesagt werden kann, ist ihnen nicht mehr wesentlich (essentiell), sondern nur zufällig (akzidentell).

Begriffsdefinition. Von der hier dargestellten Unterordnung der Begriffe macht man bei der Begriffsdefinition Gebrauch. Ein alter Lehrsatz sagt: „Omnis definitio fit per genus proximum et differentiam specificam“ (Jede Definition geschieht durch die niedere Gattung und den artbildenden Unterschied). Durch Entfaltung seines Begriffs wird der Stand des zu definierenden „Wesens“ innerhalb der Seinsordnung sichtbar. Bei Artbegriffen gibt man den nächsten Gattungsbegriff und den artbildenden Unterschied an: „Der Staat ist eine dem Gemeinwohl dienende, mit Hoheitsrechten ausgestattete Gesellschaftsform“. In diesem Beispiel ist „Gesellschaftsform“ das genus proximum und „dem Gemeinwohl dienend, mit Hoheitsrechten ausgestattet“ die differentia specifica.

Bei der Bestimmung von Individualbegriffen müssen zum Artbegriff Individuationsmomente hinzutreten. Damit nähern wir uns aber schon der Sacherklärung, die man nicht im eigentlichen Sinne Definition, sondern meist *Beschreibung* nennt. Beispiel: „Die Atome sind die kleinsten, mit chemischen Mitteln nicht mehr teilbaren Bausteine der Materie.“ Daneben kennt man die Konstruktionsbeschreibung, die auch *genetische Definition* genannt wird.

Wenn in einer Definition auf andere, als bekannt vorausgesetzte Begriffe zurückgegangen wird, spricht man von *expliziter Definition.* Zu ihr gehören die bisher erwähnten Formen. In modernen wissenschaftstheoretischen Arbeiten macht man dagegen oft von der von dem Mathematiker David Hilbert (†1943) eingeführten *impliziten Definition* Gebrauch. In diesem Falle definiert eine axiomatische Wissenschaft, z. B. die euklidische Geometrie oder die Zahlentheorie, durch Axiome, also durch ihre Grundannahmen, was ihre Gegenstände sind. D. h.: ein Gegenstand solcher Definition wird nicht als vorgegebene Wesenheit intuitiv zu erfassen gesucht, sondern wird „per definitionem“ zu dem gemacht, was er sein soll. Wir bewegen uns damit im Gebiet reiner Setzung. B. von Freytag-Löringhoff bemerkt mit Recht: „Wer zur impliziten Definition greift und sich mit ihr zufrieden gibt, verläßt, können wir sagen, den Gesamtzusammenhang der Welt und schließt sich in eine merkmalsarme, aber in sich logisch vollkommen bestimmte Welt ein“ (LV 8; 56).

Definitionsregeln. Die wichtigsten Regeln des Definierens sind:

1. Die Definition (das Definiens) muß deutlicher sein als das zu Definierende (Definiendum).
2. Die Definition soll nichts Überflüssiges enthalten, aber auch nichts Notwendiges weglassen.
3. Die Definition soll konvertierbar sein, d. h. man muß die Definitionsgleichung von links wie von rechts lesen können.
4. Die Definition soll positiv sein, d. h. nicht etwa nur angeben, was etwas nicht ist.

Definitionsfehler. Häufige Definitionsfehler sind Unterbestimmung, Überbestimmung und die Definition „idem per idem" (desselben durch dasselbe). Bei Unterbestimmung ist der artbildende Unterschied nicht spezifisch gewählt worden. Wenn wir – um auf das Beispiel vom Staat zurückzugreifen – sagen: „Der Staat ist eine dem Gemeinwohl dienende Gesellschaftsform", so ist der Begriff unterbestimmt, denn in diesem Falle unterscheidet sich der Staat nicht von irgendeinem karitativen Verein. Überbestimmt wäre der Begriff aber, wenn wir sagten: „Der Staat ist eine dem Gemeinwohl dienende, mit Hoheitsrechten und Gewalteilung ausgestattete Gesellschaftsform", denn hier werden unzulässigerweise bestimmte Staatssysteme vom Staatsbegriff ausgeschlossen. Eine Definition „idem per idem" wäre: „Der Staat ist die Ausdrucksform staatlicher Ordnung".

Universale, partikuläre und singuläre Begriffe

Wir haben den Umfang der Begriffe bisher unter dem Gesichtspunkt von Individuum, Art und Gattung betrachtet. Diesem stellen wir jetzt einen anderen an die Seite. Nehmen wir an, wir haben eine beliebige Menge von Gegenständen, z. B. die Menge aller lebenden Menschen, so kann ich jetzt eine Aussage machen, die sich auf alle Menschen bezieht, z. B. „alle Menschen sind sterblich". Ich kann meine Aussage auf einige beschränken: „einige Menschen sind Mathematiker". Und schließlich kann ich eine Aussage über einen einzelnen machen: „dieser Mensch ist der schnellste Kurzstreckenläufer" oder – unbestimmt – „irgendein Mensch hat einen Fehler gemacht". Im ersten Falle nennt man den Begriff universal, was durch den *Quantor* „alle" zum Ausdruck kommt, im zweiten partikulär, „einige", im dritten singulär, „dieser, irgendein". Wir werden auf diese Unterscheidung im Zusammenhang mit den Urteilen noch einmal stoßen.

Art- und Gattungsbegriffe

Die Art- und Gattungsbegriffe haben nun zwischen den singulären und den universalen Begriffen eine eigenartige Zwischenstellung, denn sie haben sprachlich gesehen singuläre Gestalt (z. B.: der Mensch, das Tier), beziehen aber ihren Inhalt logisch auf alle Individuen, die unter die Art oder Gattung fallen. Gelegentlich wird auch die Ansicht vertreten, daß ein universaler Begriff die Existenz der Individuen, auf die sich sein Umfang erstreckt, voraussetze, während Art- und Gattungsbegriffe die Existenzfrage ausklammern. So setze das Urteil „Alle Klugen treiben Logik" voraus, daß es derart Kluge gebe, während das Arturteil „Der Kluge treibt Logik" nur sage: wenn es überhaupt einen Klugen gibt, dann treibt er Logik.

Kollektivbegriffe

Eine Sonderstellung nehmen schließlich noch die Kollektiv- oder Sammelbegriffe ein. Sie beziehen sich auf eine Pluralität gleichartiger Gegenstände, betrachten aber das Kollektiv als Ganzes, z. B. eine Schar fliegender Vögel, eine Menge schreiender Menschen. Es versteht sich, daß in solchen Begriffen Kollektivmerkmale enthalten sind, die weder dem singulären, noch dem partikulären oder universalen Begriff zukommen.

„Funktionierende" Begriffe

Alle bisher betrachteten Begriffe beziehen sich auf Gegenstände, sind also Gegenstandsbegriffe, und sie werden von der Logik meist allein als Begriffe angesehen. Pfänder weist mit Recht darauf hin, daß sie, nebeneinandergestellt, eine unverbundene Mehrheit einzelner Begriffe darstellen, niemals aber zu einem Urteil, einer Frage oder Bitte, einem Rat oder Befehl führen. Um vollständige Gedanken aufzubauen, müssen notwendig noch verbindende Ausdrücke hinzutreten. Pfänder nennt sie funktionierende Begriffe, wie z. B.: dieser, jener, ferner, dazu, nicht, ohne, besonders, statt, also, mit, durch, im usw. Einige von ihnen, wie z. B. „nicht“, „und“, „oder“, „wenn – dann,“, „genau dann – wenn“ nennt die mathematische Logik logische Partikeln oder Konnektive. Pfänder unterscheidet außerdem noch sogenannte Nebenbegriffe (Adjektiv-, Tun- und Adverbialbegriffe), die unselbständig sind und durch andere ergänzt werden müssen. Jedoch liegt eine so weitgehende Differenzierung mehr im linguistischen als im rein logischen Interesse.

Begriffsgegensätze

Unsere Erwägungen über die Einteilung der Begriffe sollten zeigen, wieviele Merkmale an Begriffen aufgewiesen werden können. Wir wollen dieses Kapitel damit abschließen, daß wir noch einen Blick auf die Gegensatzbildung im Bereich der Begriffe werfen. Dabei muß der *Begriffsinhalt* ins Auge gefaßt werden, denn vom Umfang her betrachtet, kann man nur von einem Über- und Unterordnungsverhältnis zwischen allgemeinen, partikulären und singulären Begriffen sprechen. Der Inhalt aber bietet die Möglichkeit, einige Fälle grundsätzlicher Unvereinbarkeit aufzuweisen:

1. Der *kontradiktorische* Gegensatz: Einem positiven Begriff wird die einfache Negation in der Form des „nicht“ gegenübergestellt, z. B. Sein – Nichtsein, A – non-A usw. Dieser Gegensatz liegt den logischen Prinzipien vom Widerspruch und vom ausgeschlossenen Dritten zu Grunde, von denen später die Rede sein wird.
2. Der *konträre* Gegensatz bezeichnet etwas, das innerhalb einer Ordnung, einer Art z. B., am weitesten entgegengesetzt ist: schwarz – weiß, jung – alt, gesund – krank, alle – keiner.

Es ist klar, daß sich kontradiktorischer und konträrer Gegensatz decken können, aber nicht decken müssen. In der modernen Literatur wird der Ausdruck „konträr" gelegentlich in anderem Sinne angewandt. So bedeutet er bei Kamlah/Lorenzen „unverträglich", wie z. B. Hase-Reh. Gegensätze der Art wie heiß-kalt, alt-jung usw. heißen dort „polar-konträr (LV 13; 73 f.).

3. Der *relative* Gegensatz enthält Glieder, die trotz ihrer Unvereinbarkeit aufeinander bezogen und unlösbar miteinander verknüpft sind, so daß jedes das, was es ist, nur im Hinblick auf das andere ist: Vater – Sohn, Ursache – Wirkung, links – rechts, positiv – negativ.

Bei der Untersuchung der Urteile werden uns diese Gegensatzformen wieder begegnen, so daß dann noch weitere Überlegungen hierzu notwendig werden. Es wurde oben schon darauf hingewiesen, daß unsere Sprache keine Möglichkeit bietet, eine sinnlose Kombination sogenannter „disparater" (lat. dispar = ungleich) Begriffe, wie etwa Stein und Freude, auszuschließen. Hierfür wären bestimmte Sprachregelungen erforderlich. Damit aber kommen wir zum nächsten Hauptteil, zur Lehre vom Urteil.

II

DAS URTEIL

Im Begriff formt der Verstand die Mannigfaltigkeit von Eindrücken oder Vorstellungen zu einer gedanklich-idealen Einheit. Und Mannigfaltiges zu einer Einheit zu synthetisieren ist nach Kant auch die Grundhaltung des Denkens, die sich im Urteil zeigt. In ihm werden wenigstens zwei Begriffe gedanklich miteinander verknüpft.

Der Satz

Sprachlicher Ausdruck dieser Gedankenverbindung ist der Satz. Nicht die Begriffsbildung als solche, sondern das Verlangen, Wünsche, Befehle, Behauptungen oder Fragen sprachlich auszudrücken, ist das Primäre der menschlichen Verstandesfunktion. Die Begriffe sind dazu lediglich die unentbehrlichen Hilfsmittel. Schon wenn das Kind „Milch" sagt, geht es ihm nicht um den Begriff „Milch", sondern um den Wunsch, Milch – den Gegenstand – zu erhalten. Es will also einen Wunsch ausdrücken, den der Erwachsene in einen Wunschsatz kleidet. Entsprechend gibt es Fragesätze, Befehlssätze und schließlich die logisch bedeutsamen Aussage- oder Behauptungssätze. Die Letztgenannten fixieren Urteile, verleihen den Urteilen, einem geistigen Gehalt also, sprachlichen Ausdruck, können wahr oder falsch sein und dienen damit – wie man sieht – in ganz besonderer Weise unserer Erkenntnis.

Bei aller engen Verbindung von Urteil und Satz muß man sie aber – entsprechend der Unterscheidung von Begriff und Wort – ontisch auseinanderhalten. Die Elemente des Urteils sind Begriffe und logisch-sprachliche Partikeln, die Elemente des Satzes sind Wörter, Buchstaben und Satzzeichen. Ein und dasselbe Urteil kann in verschiedenen Sätzen und in verschiedenen Sprachen ausgedrückt werden und nicht selten geht die gedankliche Urteilsbildung der sprachlichen Formulierung voraus. Sätze können daher für sich genommen nur grammatikalisch richtig oder falsch gebildet sein, allein die in ihnen zum Ausdruck kommenden Urteile sind wahr oder falsch.

Urteilsgegenstand

Damit aber nimmt das Urteil Bezug auf einen bestimmten Sachverhalt. Im Urteil wird ein an sich bestehender Sachverhalt (vgl. auch unten S. 44) durch den urteilenden Verstand reflektiert und in ideal-gedankliche Form umgesetzt. Will das Urteil wahr sein, so hat es sich dem ontischen Sachverhalt zu unterwerfen. Da in diesem Sinne unser Denken gegenstandsbezogen ist, wird wieder ein enges Verhältnis von Ontologie und Logik sichtbar.

Supposition der Urteile

Ähnlich wie die Wörter, kann man auch die Urteile in realer und logischer Supposition betrachten. Bei realer Supposition blickt man durch das Urteil hindurch auf seinen Bedeutungsgehalt, auf das von ihm gegenständlich Gemeinte. „Schwefel ist gelb" ist in diesem Sinne eine Aussage über den Gegenstand „Schwefel". In logischer (formaler) Supposition ist das Urteil selbst als logisches Gebilde Gegenstand der Betrachtung, z. B. in der Aussage: „‚Schwefel ist gelb' ist ein Arturteil".

Wir finden also wieder die Unterscheidung, die – wie schon oben erwähnt – heute durch die Gegenüberstellung von Objektsprache und Metasprache ausgedrückt wird. In der Objektsprache wird über den vom Urteil intendierten Sachverhalt gesprochen: „Schwefel ist gelb". Die Metasprache macht eine Aussage über die objektsprachliche Aussage: „Das Urteil ‚Schwefel ist gelb' ist wahr". Zu diesem Zweck wird die objektsprachliche Aussage innerhalb der metasprachlichen in Anführungszeichen gesetzt. Man kann natürlich auch noch eine meta-meta-sprachliche Aussage machen: „Das Urteil, das besagt, daß das Urteil

‚Schwefel ist blau' falsch ist, ist wahr". Diese wichtige Unterscheidung verhindert Antinomien, soweit sie dadurch entstehen, daß Sätze innerhalb einer *Sprachstufe* über sich selbst sprechen, z. B. über ihre eigene Wahrheit oder Falschheit urteilen, wie der Satz: „Was ich jetzt sage, ist falsch". Dieser Satz ist sinnlos und damit keine gültige Aussage.

Grundform des Urteils

Betrachten wir den Aussagesatz als Ausdruck des Urteils, so sehen wir, daß in ihm einem Subjekt ein Prädikat zu- oder abgesprochen wird. Die Grundform des Urteils bzw. sein sprachlicher Ausdruck lautet daher: S ist P, oder verneinend: S ist nicht P.

Heute nennt man diese Form meist *Aussagefunktion* (oder Aussageform), und zwar deshalb, weil „S" und „P" hier noch *Variable* sind und eine wirkliche Aussage, ein Urteil, erst dadurch entsteht, daß die Variablen durch *Konstanten* ersetzt werden. Wenn ein Kind an die Hauswand malt: „S ist P", so wird sich noch niemand beleidigt fühlen, setzt es aber Konstanten, d. h. Eigennamen, Prädikate usw. für S und P ein, so kann der Sachverhalt schon anders werden.

Wir finden in der Grundform drei Elemente: das Subjekt (S), von dem etwas ausgesagt wird, das Prädikat (P), das ausgesagt wird und schließlich die Kopula (ist, ist nicht), die man gelegentlich auch das *formelle* Element des Urteils neben den beiden *materiellen* nennt. Da die sprachliche Fassung lediglich den Gedankengehalt, das Urteil also, nach außen wiedergibt, können wir in gleicher Weise von Subjektbegriff, Prädikatbegriff und Urteilskopula sprechen.

Auch die sogenannten *Impersonalien*, Sätze wie „es regnet", „es ist kalt" usw., sind bei strenger Prüfung nicht subjektlos. Was sie nämlich aussagen wollen, ist ein Zustand an einem Objekt („es klappert", das Auto z. B.) oder in einem bestimmten Raum- oder Zeitbereich. Und dieser Gegenstand bzw. dieser Bereich ist das implizierte Subjekt, das sprachlich nicht voll dargestellt wird, das aber dem Urteil als Bezugsbegriff zu Grunde liegt. Mithin sind auch hier Subjekt, Kopula und Prädikat vorhanden.

Wenn der Prädikatbegriff lediglich den Inhalt des Subjektbegriffes weiter entfaltet ohne ein neues Merkmal hinzuzufügen (z. B. „Die Kugel ist rund"), so nennen wir das Urteil nach Kant *analytisch*. Werden jedoch durch den Prädikatbegriff Merkmale des Subjekts ausgesagt, die in seinem Begriff nicht enthalten sind (z. B. „Die Kugel ist rot"), so heißt das Urteil *synthetisch*.

Die Kopula

Unterschiedliche Auffassungen herrschen hinsichtlich der Art der Bezogenheit des P auf das S, die in der Kopula zum Ausdruck kommt. Otto Most unterscheidet unter diesem Gesichtspunkt vier logische Urteilstheorien:

1. Nach der *Existenzialtheorie* hat das Wörtchen „ist" stets die Bedeutung von „existiert". Dementsprechend deutet sie alle Urteile als Existenzurteile: Es existiert ein Sachverhalt S, von dem P ausgesagt wird.
2. Die *Subsumtionstheorie* faßt die Urteilskopula in ihrer positiven Form („ist") auf als den sprachlichen Ausdruck für den Gedanken, daß der Gegenstand des Subjektbegriffs S unter den Umfang dessen fällt, was der Prädikatbegriff P meint: „S ist P" bedeutet also: „S fällt unter den Umfang von P". Man kann sich diesen Sachverhalt leicht durch ein Kreisschema verdeutlichen. Ein größerer Kreis, der den Umfang des P-Begriffs darstellt, umschließt einen kleineren Kreis, durch den der S-Begriff veranschaulicht wird. Das negative Urteil „S ist nicht P" bedeutet dann, der S-Begriff fällt nicht unter den P-Begriff, beide Kreise liegen auseinander und haben keinen Berührungspunkt. Wir werden von dieser Kreisdarstellung häufig Gebrauch machen.
3. Nach der *Attributionstheorie* hat das Urteil „S ist P" den Sinn: P kommt dem S als Attribut, als Eigenschaft zu.
4. Die *Identitätstheorie* schließlich nimmt an, daß die Kopula in ihrer positiven Form Ausdruck einer totalen oder partialen Identität zwischen den Seinszügen (Merkmalen) sei, auf die

das Urteil Bezug nimmt. Das „ist nicht“ sei entsprechend der sprachliche Ausdruck einer ebensolchen Verschiedenheit (Diversität).

In allen diesen Theorien stecken sicher richtige Überlegungen, wenngleich vor allem bezüglich der Existenzial- und Attributionstheorie noch zusätzliche Bemerkungen erforderlich sind. Wir wollen diese Frage aber hier nicht weiter diskutieren. Für unsere folgenden Überlegungen ist die Subsumtionstheorie ein sehr geeignetes Mittel.

Zu erwähnen ist noch der Hinweis Pfänders, daß in der Kopula *zwei* Funktionen ihren Ausdruck finden: zum einen die *Hinbeziehung* des P auf das S und zum anderen der *Wahrheitsanspruch* des Urteilsganzen oder – wie v. Freytag-Löringhoff sagt – die verbindende und die ontologische Funktion der Kopula (LV 8; 59 f.). Von beiden Funktionen wird noch häufiger zu sprechen sein.

Kants Urteilseinteilung

Mit der Frage, welche apriorischen (aller Erfahrung vorausgehenden) Denkformen der Urteilsbildung zu Grunde liegen und welche logischen Einteilungsmöglichkeiten sich daher in bezug auf die Urteile ergeben, hat sich besonders Kant befaßt (LV 13; 108 ff.). Er unterscheidet vier Gruppen mit je drei Untergruppen. Wir stellen diesen Einteilungsmodus hier zunächst geschlossen dar, weil er einen guten Überblick über die Vielfalt der Urteilsformen vermittelt. Anschließend werden die einzelnen Gruppen je besonders besprochen.

1. Einteilung nach der *Quantität* (Umfang des Urteilssubjekts):
   a) universal (allgemein): Alle S sind P
   b) partikulär: Einige S sind P
   c) singulär: Irgendein (dieses) S ist P.
2. Einteilung nach der *Qualität* (Wert der Kopula)
   a) bejahend: S ist P
   b) verneinend: S ist nicht P
   c) limitativ (unendlich): S ist Nicht-P (logische Bejahung mittels Verneinungsprädikats, wodurch eine „unendliche Sphäre“ der Bestimmbarkeit offen bleibt).

3. Einteilung nach der *Relation* (Art der Beziehung zwischen Subjekt und Prädikat)
   a) kategorisch (unbedingt): S ist P
   b) hypothetisch (bedingt): Wenn (falls) A ist, dann ist B (Ausdruck eines Bedingungsverhältnisses von Grund und Folge eines Sachverhaltes).
   Bemerkung: Ein Grund-Folge-Verhältnis muß keine Ursache-Wirkung-Beziehung sein. Eine solche *Kausalbeziehung* liegt vor in dem Satz: „Wenn ich den Knopf drücke, schalte ich das Licht ein", eine *Grund-Folge-Beziehung* in dem Satz: „Wenn ich lesen möchte, schalte ich das Licht ein".
   c) disjunktiv (trennend): S ist entweder P oder Q (Ausdruck eines *ausschließenden* Gegensatzes: „Entweder du kommst oder du kommst nicht", beides gleichzeitig ist ausgeschlossen, der Gegensatz ist unversöhnlich).
   Bemerkung: Wir werden sehen, daß es noch ein *einschließendes* „oder" gibt, das in der Umgangssprache seltener, in der mathematischen Logik aber ausschließlich angewandt wird: „Eine Partei kann in den Bundestag einziehen, wenn sie 5% der abgegebenen Zweitstimmen oder drei Wahlkreise direkt gewonnen hat" (sie kommt natürlich auch hinein, wenn sie beide Voraussetzungen erfüllt).
4. Einteilung nach der *Modalität* (die Art und Weise der Beziehung zwischen S und P wird hier unter den Gesichtspunkten der *Notwendigkeit, Wirklichkeit* und *Möglichkeit* erörtert)
   a) problematisch: S kann P sein
   b) assertorisch (behauptend): S ist P (einfache Tatsachenfeststellung)
   c) apodiktisch (unwiderlegbar): S ist notwendig P (Ausdruck logischer Notwendigkeit).

Man sieht, daß sich die Einteilungsformen nicht unbedingt ausschließen. Das Urteil „Vera ist müde" ist singulär, bejahend, kategorisch und assertorisch. Doch wird bei jeder dieser Bestimmungen das Urteil unter einem ganz speziellen Gesichtspunkt betrachtet. Diesen einzelnen Gesichtspunkten wollen wir uns jetzt noch etwas genauer zuwenden.

Die Quantität

Unter der Quantität wird der Umfang des Urteilssubjekts verstanden. Dieser ist umso größer, von je mehr S das P ausgesagt werden kann. Diese Unterscheidung ist nur insofern etwas unklar, als sie nicht die Art- und Kollektivurteile eindeutig kategorisiert. Damit stoßen wir wieder auf jene Problematik, der wir oben bereits im Zusammenhang mit den Art-, Gattungs- und Kollektivbegriffen begegnet waren.

Singularurteil. Für Pfänder ist diese Präzisierung ein wichtiges Anliegen. Aus diesem Grunde geht er davon aus, daß ein Subjektbegriff zunächst eine Einheit oder eine Vielheit meinen und sie dem Urteil unterwerfen könne. Er unterscheidet primär zwischen Singular- und Pluralurteilen. Im Singularurteil kommt es nicht darauf an, ob es sich auf einen individuellen oder auf einen Artgegenstand bezieht. D. h. singulär sind die Urteile: „Sokrates ist ein Philosoph", „Der Mensch ist sterblich", „Sauerstoff ist ein Element". Gemeint wird in jedem Falle *ein* Gegenstand, auch wenn er nicht individuell vorliegt, sondern mehrere Einzelgebilde (Menschen, Sauerstoffmoleküle) unter ihn fallen.

Entsprechend deutet Pfänder auch die Kollektivurteile singulär: „Die Schar fliegender Vögel bildet ein Dreieck". Auch hier wird eine Mehrheit von Gegenständen als Einheit gesehen und von der Gesamtheit etwas ausgesagt, das für das Individuum sinnlos wäre. Deshalb ist für das Singularurteil charakteristisch, daß der Subjektbegriff einen einheitlichen Meinungsstrahl zu seinem Gegenstand hinschickt und die kopulative Hinbeziehung der Prädikatsbestimmtheit auf den Subjektgegenstand einlinig verläuft.

Pluralurteil. „Das Pluralurteil dagegen charakterisiert sich dadurch, daß erstens sein Subjektbegriff gleichzeitig eine *Mehrheit von Meinungsstrahlen* auf mehrere Subjektgegenstände hinsendet, und daß zweitens die kopulative Hinbeziehung einer und derselben Prädikatsbestimmtheit nicht einlinig, sondern *distribuierend in mehreren Linien* zu den einzelnen Subjektgegenständen hinläuft" (Pfänder LV 20; 113). Man kann sich das, was Pfänder hier meint, einmal an folgendem Beispiel klarmachen: „Die Zahl ist ein mathematischer Ausdruck", dabei wird die Zahl gedanklich als Einheit genommen. „Alle Zahlen sind mathematische Ausdrücke", hier faßt man die Zahlen mehr in ihrer Pluralität ins Auge.

Klassische Quantitätseinteilung. So interessant der Pfändersche Vorschlag ist, logisch bedeutsam bleibt – auch in moderner Form – die klassische Einteilung. Bei ihr muß man davon ausgehen, daß der Subjektbegriff zunächst eine gewisse *Menge* von Gegenständen abgrenzt, der Begriff „Mensch" also die Menge der Menschen. Der nun hinzutretende quantifizierende Artikel (Quantor) greift dann entweder alle Elemente („Individuen") dieser Menge (Universalurteil) oder einige (partikuläres Urteil) oder ein einziges Element (Singulärurteil) heraus, worüber der P-Begriff eine Bestimmtheit enthält.

Zu bemerken ist dabei, daß sich die durch den Subjektbegriff vollzogene Abgrenzung auf verschiedene Merkmalskategorien der Dinge, die schon erwähnten Prädikamente, erstrecken kann und daß auch von hier aus eine Urteilseinteilung möglich ist, die allerdings keine logische, sondern eine ontologische wäre. Insbesondere könnte die Abgrenzung vorgenommen werden unter dem Gesichtspunkt

a) des Wesens: Was ist etwas seinem Wesen nach?
b) der Wie-Bestimmtheit: Wie ist etwas beschaffen?
c) der Seinsart: Ist etwas realer oder idealer Natur?
d) der Relationen: Welche Ähnlichkeiten, Zugehörigkeiten, Abhängigkeiten zu bzw. von anderen bestehen?

Zusammenfassung. Um in der Vielfalt quantitativer Urteilsformen nicht die Übersicht zu verlieren, legen wir für unsere weiteren Betrachtungen folgendes fest:

1. Wir kennen universale (allgemeine) Urteile. Sie sagen stets etwas Allgemeines aus, das einer Mehrheit von Gegenständen, die durch den Subjektbegriff eingegrenzt werden, gemeinsam zukommt. Die Gegenstände können dabei eine Einheit, eine Art z. B., bilden und die Aussage kann sich auf das Artspezifi-

sche beziehen. Die Gegenstände können aber auch eine willkürlich eingegrenzte Pluralität von Dingen in einem beliebigen Wirklichkeitsbereich sein, von denen irgendeine Gemeinsamkeit behauptet wird und sie können sogar selbst wieder Kollektive sein, also weitere Individuen unter sich begreifen.

2. Wir kennen partikuläre Urteile, die aus einem abgegrenzten Bereich einige Gegenstände, die auch selber wieder Arten oder sonstige Kollektive sein können, im Hinblick auf eine ihnen zukommende Gemeinsamkeit herausgreifen.
3. Wir kennen schließlich als Spezialfall (oder Grenzfall) der partikulären die singulären Urteile, die von einem Kollektiv- oder Individualgegenstand (bei Pfänder heißt es auch – nach lat. solitarius = einzeln – „solitärer Gegenstand") etwas Spezifisches aussagen, wobei der Gegenstand bestimmt oder unbestimmt sein kann. Die Bestimmtheit oder Unbestimmtheit hat für eventuelle Schlüsse Bedeutung. Um es gleich an einem Beispiel zu zeigen: Man kann wohl schließen „Sokrates war ein Philosoph, Sokrates war ein Grieche, ein Grieche war ein Philosoph". Dieses Verfahren heißt *Heraushebung*. Man kann aber nicht schließen „Jemand war ein Philosoph, jemand war ein Grieche, ein Grieche war ein Philosoph". Richtig wäre dagegen: „Unter allen Menschen gibt es mindestens einen, der Grieche und der auch Philosoph war. Also war ein Grieche ein Philosoph".

Quantifizierung der Prädikate. Abschließend sei hingewiesen auf einen Gedanken des englischen Logikers G. Bentham aus dem Jahre 1827, der später von W. Hamilton († 1856) u. a. wieder aufgegriffen wurde, wonach bei Aussagen, deren beide Termini Pluralitäten sind, auch die Prädikate quantifiziert auftreten. Die Quantifizierung wird vor allem dann notwendig, wenn das Prädikat durch Umkehrung der Aussage Subjekt werden soll. Beispiel: Einige Elemente aus der Menge der ganzen Zahlen sind identisch mit allen Elementen aus der Menge der Primzahlen.

Durch folgendes Schema hat Bentham seine Überlegungen verdeutlicht. Es bedeuten X und Y Termini für Pluralitäten, = bedeutet Identität, „ bedeutet Verschiedenheit, t heißt total (alle), p heißt partikulär (einige). So ergeben sich folgende Fälle:

t X = p Y	p X = p Y
t X „ p Y	p X „ p Y
t X „ t Y	p X „ t Y
t X = t Y	p X = t Y.

Die Qualität

Bei der Einteilung der Urteile nach der Qualität bemerkt man, daß bei den beiden ersten Formen (bejahend und verneinend) der Wert der Kopula (positiv oder negativ) entscheidend ist. Im dritten, von Kant hinzugefügten Fall hat das Urteil positive Struktur, enthält aber ein verneinendes Prädikat derart, daß es für alle Bestimmungen bis auf die eine ausgeschlossene, offen ist.

Da das limitative Urteil im Grunde also ein bejahendes ist, sehen viele Logiker keine Notwendigkeit, es besonders einzuführen. So ist auch Pfänder der Meinung, daß die Kopula die Prädikatsbestimmtheit auf den Subjektgegenstand entweder hinbezieht oder von ihm abspreizt, daß es in Folge dessen aber auch nur zwei Qualitäten des Urteils geben könne. Wenn wir hier trotz solcher Bedenken das limitative Urteil ausdrücklich einführen, so geschieht es vor allem deshalb, weil wir bei der Besprechung der Äquipollenz (S. 56) und der Kontraposition von Urteilen (S. 64) auf Fälle limitativer Art stoßen werden. Deshalb ist es wichtig, diese Urteile zu kennen. Hüten sollte man sich beim Umgang mit ihnen aber vor übertriebenen Substantivierungen wie Nicht-Existenz, Nicht-Wirklichkeit usw., wie etwa in dem kuriosen Satz: Die Nicht-Wirklichkeit des perpetuum mobile ist Wirklichkeit.

Das positive und das negative Urteil sind formal völlig gleichwertig. Jedoch wäre es nicht richtig, die Aussage „Schwefel ist nicht blau“ formal gleichzusetzen mit dem Satz: „Das Urteil ‚Schwefel ist blau‘ ist falsch“. Diese Gleichsetzung ist deshalb unzulässig, weil „Schwefel ist blau“ hier objektsprachlich, alles andere aber metasprachlich genommen wird. Formale Gleichsetzung kann nur innerhalb einer Sprache stattfinden, jedoch können Aussagen in verschiedenen Sprachen denselben Aussagewert haben.

Beziehungen von Subjekt und Prädikat. Über die Beziehungen des S zu Inhalt und Umfang des P müssen noch zwei für positive und negative Urteile unterschiedliche *Regeln* beachtet werden:

1. Im bejahenden Urteil werden *alle* Inhaltsmerkmale des P auf das S bezogen, im verneinenden Urteil müssen *nicht alle* Inhaltsmerkmale des P vom S ausgeschlossen werden. Beispiele: Der Mensch ist ein Lebewesen (alle Merkmale des Begriffs „Lebewesen“ treffen auf den Menschen zu). Der Mensch ist kein Tier (nicht alle Merkmale des Begriffs „Tier“ sind vom Menschen ausgeschlossen).
2. Bei bejahenden Urteilen ist der Umfang des P-Begriffes meist größer als der des S-Begriffes (Lebewesen – Mensch). Nur in Ausnahmefällen sind beide identisch (Beispiel: Der Mensch ist ein vernunftbegabtes Lebewesen; der Kreis ist die Ortslinie (Menge) aller Punkte in einer Ebene, die von einem Punkt M dieser Ebene einen festen Abstand haben). Im verneinenden Urteil fallen zumindest nicht alle Elemente (Gegenstände, Dinge) des S-Begriffes unter den Umfang des P-Begriffes.

Kombinationen nach Quantität und Qualität. Wenn wir davon ausgehen, daß die singulären Urteile ein Grenzfall der partikulären sind und daß die limitativen Urteile als bejahende mit negativem Prädikat verstanden werden können, bleiben vier Urteile übrig, die untereinander verschieden sind: allgemeine, partikuläre, bejahende und verneinende. Wenn wir nun diese vier Formen nach Quantität und Qualität kombinieren, erhalten wir vier mögliche Urteilsarten, die jeweils von allen anderen entweder nach Quantität oder nach Qualität oder nach beiden verschieden sind. Da diese Arten für die weiteren logischen Überlegungen sehr wichtig sind, sollte man sich sie und die dazugehörigen Kennbuchstaben gut einprägen:

a = allgemein bejahendes Urteil (alle S sind P)
e = allgemein verneinendes Urteil (kein S ist P)
i = partikulär bejahendes Urteil (einige S sind P, wenigstens ein S ist P)
o = partikulär verneinendes Urteil (einige S sind nicht P, wenigstens ein S ist nicht P).

Die Kennbuchstaben a und i für bejahende Urteile entsprechen dem Merkwort *affirmo* (ich bejahe), die Kennbuchstaben e und o für verneinende dem Merkwort *nego* (ich verneine). Es versteht sich, daß alle vier Urteilsarten noch weiter hinsichtlich ihrer Modalität und Relation variieren können. Mit diesen beiden Einteilungsbereichen wollen wir uns jetzt beschäftigen.

Die Relation

Die Einteilung der Urteile nach der Quantität betrifft den Subjektbegriff, die Einteilung nach der Qualität die Hinbeziehungsfunktion der Kopula. Die beiden jetzt zu besprechenden Einteilungsmöglichkeiten nach der Relation und nach der Modalität betreffen die *Behauptungsfunktion* der Kopula, wobei es hinsichtlich der Modalität darauf ankommt, ob die Behauptung einfach, verstärkt oder abgeschwächt vollzogen wird, hinsichtlich der Relation, ob sie von der Erfüllung irgendwelcher Bedingungen abhängt oder – wie im disjunktiven Fall – überhaupt zwei sich gegenseitig ausschließende Möglichkeiten offenläßt.

a) Die kategorischen Urteile

Für sie ist kennzeichnend, daß sie eine positive oder negative Aussage in unbedingter Form machen. Wenn auch die Formel „S ist P" nicht unterschieden ist gegenüber der des positiven oder des assertorischen Urteils, so wird doch hier gerade auf das Merkmal des Unbedingtseins der Akzent gelegt.

Dabei können die kategorischen Urteile selbst aus Teilurteilen zusammengesetzt sein. Von den hierbei möglichen Verknüpfungsformen seien die drei wichtigsten erwähnt:

1. *kopulative* (lat. copulare = verbinden) Urteile verbinden zwei positive kategorische Urteile zu einer Gesamtaussage: „Logik und Mathematik erfordern die Fähigkeit abstrakten Denkens";
2. *adversative* (lat. adversarius = gegnerisch) Urteile verbinden ein positives und ein negatives kategorisches Urteil zu einer

Gesamtaussage: „Hindenburg war ein erfolgreicher Heerführer, aber kein erfolgreicher Politiker";

3. *komparative* (lat. comparativus = vergleichend) Urteile geben das Ergebnis eines Vergleichs wieder: „Bildung ist besser als bloßes Fachwissen".

b) Die hypothetischen Urteile

Während bei den kategorischen Urteilen auch jedes Teilurteil als wirklich gesetzt wird, lassen die hypothetischen Urteile die Frage nach der Wirklichkeit der Bedingung und damit auch des Bedingten offen und setzen lediglich das Bedingte in Abhängigkeit vom Bedingendem: falls die Bedingung erfüllt ist, muß das Bedingte wirklich sein.

Damit betrachtet die Logik die Bedingung als für das Bedingte *hinreichend*, nicht aber als notwendig. Notwendig ist die Bedingung deshalb nicht, weil das hypothetische Urteil nicht die Möglichkeit ausschließen will, daß das Bedingte auch aus anderen Gründen eintreten kann. Daraus folgt, daß man aus der Wahrheit des Vordersatzes (der Bedingung) auf die Wahrheit des Hintersatzes (des Bedingten) schließen kann und von der Falschheit des Hintersatzes auf die Falschheit des Vordersatzes, aber nicht umgekehrt. Man verdeutliche sich diesen Zusammenhang an dem Satz „Wenn es regnet, wird die Straße naß", wobei zu beachten ist, daß die Straße auch aus anderen Gründen naß werden kann, z. B. durch einen Sprengwagen. Wir werden unten bei den „hypothetischen Schlüssen" auf diesen Sachverhalt nochmals zurückkommen.

Es wird aber durch diese Überlegungen schon deutlich, daß es im hypothetischen Urteil weit mehr um das Formale als um das Materiale geht. D. h.: bei den kategorischen Urteilen kam es im Hinblick auf ihre Wahrheit darauf an, daß in der Wirklichkeit ein Sachverhalt *besteht*, wie er im Urteil ausgesagt wird. Das hypothetische Urteil muß demgegenüber keinen Sachverhalt intendieren, der in der Seinsordnung existiert. Allein der bestehende *Zusammenhang* (nexus) zwischen Bedingung (antecedens; lat. antecedere = vorausgehen) und Bedingtem (consequens; lat. consequi = folgen) ist sein Zielpunkt. Die einfachste

Form des hypothetischen Urteils lautet daher: Wenn A ist, dann ist B. Dabei ist das „wenn“ nicht in zeitlicher, sondern in konditionaler Hinsicht zu nehmen und wird deshalb besser durch das Wort „falls“ ersetzt.

Es ist nun eine Frage, ob man die rein formale Handhabung des hypothetischen Urteils so weit treiben darf, daß man auf das Bestehen einer ontischen Grund-Folge-Beziehung gar nicht mehr achtet. So gilt folgendes Beispiel, das von J. Eldon Whitesitt stammt (LV 30; 58) als eine *wahre Implikation:* „Wenn 6 eine ungerade Zahl ist, dann besteht der Mond aus grünem Käse“.

Genauer spricht man in diesem Falle von einer *materialen Implikation,* die auf die grundlegenden Arbeiten zur modernen Logik durch die Mathematiker Gottlob Frege und C. S. Peirce (Ende des vorigen Jahrhunderts) zurückgeht. Ob eine Grund-Folge-Beziehung zwischen Vordersatz (antecedens) und Hintersatz (consequens) besteht, ist dabei unerheblich. Entscheidend für die Richtigkeit der Implikation sind allein die *Wahrheitswerte* der Teilurteile. In dem Beispiel vom grünen Käse sind Vorder- und Hintersatz falsch. Trotzdem hatten wir gesagt, die Implikation sei wahr. Wie ist das zu verstehen? Man hat festgelegt, daß die Implikation nur dann *falsch* ist, wenn der Vordersatz wahr und der Hintersatz falsch ist. D. h. also: bei falschem Vordersatz ist die Implikation immer richtig, ganz gleich wie der Hintersatz lautet, bei wahrem Vordersatz aber ist die Implikation nur dann richtig, wenn auch der Hintersatz wahr ist.

Man könnte diese Festsetzung als Willkür ansehen, doch das ist sie nicht. Überlegen wir uns einmal, daß bei dieser materialen Implikation die Schlußmöglichkeiten die *gleichen* sind, wie wir sie oben (S. 36) beim hypothetischen Urteil kennen gelernt haben. Vorausgesetzt, die Implikation ist richtig, kann geschlossen werden: von der Wahrheit des Vordersatzes auf die Wahrheit des Hintersatzes, aber nicht umgekehrt, und von der Falschheit des Hintersatzes auf die Falschheit des Vordersatzes, aber nicht umgekehrt.

Hans Freudenthal verdeutlicht den Zusammenhang durch ein Beispiel (LV 6; 30): Bekanntlich findet man in Holland oft niedrige Kanalbrücken, die hochgezogen werden, falls ein Schiff auf dem Kanal die Brücke passiert. Dabei wird die Straße durch eine Schranke gesperrt. Nun gibt es vier Kombinationen zwischen den möglichen Fällen: Brücke aufgezogen/niedergelassen, Schranke geschlossen/offen. Ich stelle den Satz auf: „Wenn die Brücke aufgezogen ist, ist die Schranke geschlossen." Wann ist der Satz richtig? Er ist richtig

1. wenn Vordersatz wahr und Hintersatz wahr sind, d. h. Brücke aufgezogen, Schranke geschlossen;
2. wenn Vordersatz falsch und Hintersatz falsch sind, d. h. Brücke niedergelassen, Schranke offen;
3. wenn Vordersatz falsch und Hintersatz wahr sind, d. h. Brücke heruntergelassen und Schranke geschlossen (weil ja meine Behauptung nichts darüber sagt, wie der Zustand der Schranke bei heruntergelassener Brücke ist, sondern nur, wie er bei aufgezogener Brücke ist).

Falsch ist die Aussage also nur in dem einen Fall, in dem ich bei hochgezogener Brücke eine offene Schranke antreffe.

Natürlich impliziert auch das Beispiel Freudenthals eine Grund-Folge-Beziehung, die in einer *Wahrheitswertmatrix* ihren Ausdruck findet. Aber für den mathematischen Logiker steht nicht die Grund-Folge-Beziehung, sondern die Matrix im Blickpunkt des Interesses. Übrigens gehen die Überlegungen zu der heute sogenannten materialen Implikation zurück bis zu Philon von Megara (4. vorchr. Jahrhundert).

Wir wollen festhalten: Für die Wahrheit eines hypothetischen Urteils, das man gelegentlich auch *formale Implikation* nennt, ist ein *ontischer nexus* zwischen Bedingung und Bedingtem erforderlich, wobei die Bedingung *zureichender Grund* (vgl. unten den „Satz vom zureichenden Grunde") für das Bedingte sein muß. Für die Richtigkeit der *materialen Implikation* sind allein die Wahrheitswerte der Teilurteile entscheidend, wie überhaupt in der mathematisierten Logik die logischen Beziehungen als *Wahrheitswertfunktionen* verstanden werden.

Inwieweit die materiale Implikation unter Vernachlässigung der Grund-Folge-Relation ihre Berechtigung hat, muß innerhalb der mathematischen Logik und der Wissenschaftstheorie erarbeitet werden. Man sollte aber nicht aus dem Blick verlieren, daß auch das Formalisieren nur *Mittel* zur Klärung und Festigung unserer Erkenntnissituation, nicht aber Selbstzweck ist. Sogar die formale mathematische Wissenschaft bedient sich nicht der materialen, sondern der formalen Implikation (Grund-Folge-Beziehung zwischen Voraussetzung und Behauptung), wenn sie z. B. sagt: „Falls x eine positive Zahl ist, so ist 2 x eine positive Zahl“ (Tarski LV 28; 41 ff.).

Abschließend sei noch zusammengestellt, welche Modi des hypothetischen Urteils in der traditionellen Logik erwähnt werden:

1. S ist P, falls Q R ist, der Modus ponendo ponens (lat. ponere = setzen), d. h. indem ich den Sachverhalt „Q ist R“ setze (bejahe), setze ich auch den Sachverhalt „S ist P“.
2. S ist P, falls Q nicht R ist, der Modus tollendo ponens (lat. tollere = aufheben), d. h. durch Aufhebung des Sachverhaltes „Q ist R“, also durch Setzung „Q ist nicht R“ setze ich den Sachverhalt „S ist P“.
3. S ist nicht P, falls Q R ist, der Modus ponendo tollens, d. h. durch Setzung „Q ist R“ hebe ich „S ist P“ auf.
4. S ist nicht P, falls Q nicht R ist, der Modus tollendo tollens, d. h. durch Aufhebung von „Q ist R“ hebt man auch „S ist P“ auf.

Man erkennt an den Beispielen die verschiedenen Kombinationen der Qualitäten mit den Relationsgliedern.

c) Die disjunktiven Urteile

Im disjunktiven Urteil, das seinen sprachlichen Ausdruck am exaktesten in der Formulierung „entweder ... oder“ findet, sind zwei prädikative Möglichkeiten in bezug auf das Subjekt gegenübergestellt.

Vollständige Disjunktion. Die Gegenüberstellung heißt vollständige Disjunktion, wenn von den beiden Möglichkeiten genau eine wirklich ist, d. h. wenn nur eine von beiden wirklich sein kann, aber auch eine von beiden wirklich sein muß. Im Lateinischen kennt man dafür die Formel „aut ... aut“, wir nennen sie auch das *ausschließende oder.* Dabei kann die Disjunktion zweigliedrig sein „S ist entweder P oder Q“, sie kann aber auch n-gliedrig sein „S ist entweder P_1 oder P_2 oder ... oder P_n“.

Obwohl in dem disjunktiven Urteil eine Wahrheitsentscheidung zu Gunsten einer der Alternativen nicht getroffen wird, schließt doch der Wahrheitsanspruch des Urteils die Wahrheit des *konjunktiven* (lat. coniungere = verbinden) Urteils (S ist sowohl P als auch Q)* wie auch die des *exklusiven* (lat. exclusum = ausgeschlossen) Urteils (S ist weder P noch Q) implizite aus. Daraus wird ersichtlich, daß eine vollständige Disjunktion in jedem Falle dann gegeben ist, wenn die beiden prädikativen Möglichkeiten in *kontradiktorischem Gegensatz* stehen. Ein konträrer Gegensatz läßt im allgemeinen noch Zwischenstufen zu. Deshalb muß auch eine vollständige mehrgliedrige Disjunktion, um richtig zu sein, alle Möglichkeiten aufzählen: An einem System mit zwei Lampen A und B bestehen folgende Schaltmöglichkeiten: A ein, B aus oder A aus, B ein oder A ein, B ein oder A aus, B aus. Hier ist die Aufzählung der Glieder vollständig. Besteht ein zweigliedriges disjunktives Urteil aus kontradiktorischen Prädikaten, so ist es logisch exakt, leider aber nicht erkenntnisfördernd. Wenn ich z. B. nach meinem Freund Heinz frage und erhalte die Antwort „Heinz ist entweder zu Hause oder nicht zu Hause", so weiß ich so viel wie vorher.

* In der mathematischen Logik spricht man von einer Konjunktion, wenn zwei Aussagen, wir nennen sie A und B, durch eine und-Verbindung verknüpft sind. Die Gesamtaussage „A und B" ist genau dann wahr, wenn beide Teilaussagen wahr sind. Gelegentlich nennt man sie auch *logisches Produkt*. Setzen wir nämlich „0" für falsch und „1" für wahr, und nehmen wir weiter an, daß die beiden Teilaussagen „A" und „B" jeweils die Werte 0 und 1 annehmen können, so ergeben sich für sie und für das Produkt „A · B" folgende Wertkombinationen:

A	B	A · B
0	0	0
0	1	0
1	0	0
1	1	1

D. h. also: genau wie das Produkt A · B nur dann den Wert 1 annimmt, wenn beide Faktoren den Wert 1 haben, so ist auch die konjunktive Gesamtaussage nur dann wahr, wenn beide Teilurteile je für sich wahr sind.

Disjunktives und hypothetisches Urteil. Wie gesagt bleibt die Behauptungsfunktion der Kopula beim disjunktiven Urteil ähnlich wie beim hypothetischen in der Schwebe. Man sieht sich daher berechtigt, diese beiden Urteile als bedingte, dem kategorischen als unbedingten gegenüberzustellen. Ferner läßt sich zeigen, daß jedes vollständig disjunktive Urteil einer Anzahl hypothetischer Urteile äquivalent ist, das zweigliedrig disjunktive z. B. („er sagt entweder die Wahrheit oder er lügt"), kann durch vier hypothetische Urteile ersetzt werden:

1. Er sagt die Wahrheit, falls er nicht lügt;
2. Er sagt nicht die Wahrheit, falls er lügt;
3. Er lügt, falls er nicht die Wahrheit sagt;
4. Er lügt nicht, falls er die Wahrheit sagt.

Unvollständige Disjunktion. Umgeformt werden können auch Urteile der unvollständigen Disjunktion, die bereits der megarisch-stoischen Schule in den letzten vorchristlichen Jahrhunderten bekannt war. Wir kennen folgende zwei Möglichkeiten:

a) eine im alltäglichen Sprachgebrauch nicht übliche Form, die aber 1921 in die mathematische Logik als „Sheffer-Strich-Funktion" eingeführt wurde: beide Glieder der Disjunktion können nicht zugleich wahr, sie können aber zugleich falsch sein. Man bedenke, daß die vollständige Disjunktion darin bestand, daß beide Glieder nicht zugleich wahr *und* nicht zugleich falsch sein können. Die unvollständige Disjunktion erfaßt aber nur eine der beiden Forderungen, hier also die erste. Damit wird sie gleichbedeutend einer Verneinung der Konjunktion der beiden Glieder: „a oder b gleichbedeutend nicht ‚a und b'". Beispiel: Ich gehe in ein Kino oder in ein Theater, schließe dabei aber den Fall nicht aus, daß ich vielleicht weder in das eine noch in das andere gehe. Damit ist das unvollständig disjunktive Urteil der hier dargestellten Form zurückführbar auf zwei kategorische Urteile, wobei lediglich deren gleichzeitiges Wahrsein verneint wird. Mithin ergibt sich die Folgerung: Aus der Wahrheit des einen folgt bei richtiger Disjunktion die Falschheit des anderen, aber nicht umgekehrt.

b) Eine andere Form der unvollständigen Disjunktion greift nur den zweiten Teil der Forderung der vollständigen Disjunktion auf: beide Glieder können nicht zugleich falsch sein, sie können aber wohl zugleich wahr sein. Damit wird diese Form der unvollständigen Disjunktion „a oder b“ gleichbedeutend einer Konjunktion zweier hypothetischer Urteile: „Falls nicht a, dann b und falls nicht b, dann a.“ Beispiel: Zur Erfrischung rauche ich eine Zigarette oder trinke eine Tasse Kaffee, wobei ich den Fall einschließe, daß ich auch beides tue. Die Folgerung ist: aus der Falschheit des einen Gliedes folgt bei richtiger Disjunktion die Wahrheit des anderen, aber nicht umgekehrt. Man nennt diese Form auch das *einschließende oder* (lateinisch: vel). Sie ist in der heutigen mathematischen Logik gebräuchlich als die allein übliche oder-Form und wird auch *logische Summe* genannt. Diese Bezeichnung ergibt sich aus mengentheoretischen Überlegungen, insofern dieses „oder“ vergleichbar ist der Vereinigung (Summe) zweier Mengen. Weitere enge Beziehungen zwischen Mengenlehre und Logik lassen sich leicht nachweisen. Wie stark aber in unserer Sprache das *ausschließende* „oder“ verankert ist, zeigt sich darin, daß – will man den *einschließenden* Fall ausdrücken – oft „und/oder“ geschrieben wird, insbesondere von Autoren, die der Logik nahestehen.

Nun formulierte bereits die Stoa: wenn die beiden Glieder einer Disjunktion weder zusammen bestehen (wir sagen: wahr sein) können, noch zusammen zugrunde gehen (wir sagen: falsch sein) können, dann ist die Disjunktion vollständig. Mithin können wir festlegen: Bei richtiger vollständiger Disjunktion folgt aus der Wahrheit des einen Gliedes die Falschheit des anderen und umgekehrt. Nach entsprechender Umformung läßt sich die vollständige Disjunktion auch so ausdrücken: ‚a oder b‘ ist gleichbedeutend: nicht ‚a und b‘ und ‚falls nicht a, dann b‘ und ‚falls nicht b, dann a‘. Diesen Aufwand an Wörtern vermeidet die mathematische Logik durch Verwendung von Symbolen. Ein geübtes verballogisches Denken wird aber das Verständnis der Symbolsprache fühlbar erleichtern.

Die Modalität

Die Behandlung des Modalitätenproblems ist insofern besonders schwierig, als hier psychologische, logische und ontologische Modalitäten leicht ineinander fließen. Eine saubere Trennung ist vor allem hinsichtlich der beiden letztgenannten nur schwer möglich und umstritten. In allen Fällen geht es um die Behauptungsweise, m. a. W. um das Behauptungsgewicht, das in ein Urteil hineingelegt wird. Dieses Behauptungsgewicht kann abgeschwächt oder verstärkt werden entweder aus psychologischen oder aus sachbedingten Gründen.

Psychologische Modalitäten

Sowohl Abschwächung als auch nachdrückliche Betonung eines Urteils können psychologische Gründe haben. Vor allem unsichere und zaghafte Naturen neigen dazu, ihre Urteile modal abzuschwächen, z. B. statt zu sagen: „Es ist besser", sagen sie „Es dürfte vielleicht besser sein". Der Grund dafür mag u. a. darin liegen, daß sie nicht verletzen wollen, nicht widersprechen wollen, weil manche Menschen widerspruchsempfindlich sind (manche Vorgesetzte z. B.) oder einfach in sich selbst zu viele Bedenken haben, eine assertorisch geäußerte Meinung könne am Ende doch falsch sein. Ebenso kann aber auch die nachdrückliche Betonung psychisch bedingt sein. So wird z. B. in Fragen, die der Gefühlswelt des Menschen nahestehen, oft eine seelische Heftigkeit ausgelöst, die man dann auch sprachlich zu formulieren sucht sowie durch Mimik und Gestik, durch Betonung und Lautstärke ausdrückt.

Ontologische Modalitäten

Anders gelagert als bei diesen seelischen und insofern subjektiven Verhaltens- und Reaktionsweisen ist das Modalitätenproblem in ontologischer Sicht. Hier handelt es sich darum, ob ein

Sachverhalt einfach nur besteht, der ebensogut nicht zu bestehen brauchte, oder ob ein Sachverhalt mit innerer Notwendigkeit besteht, so daß ein Nicht- oder Anderssein aus seinsimmanenten Gründen unmöglich ist, und schließlich ob die inneren oder äußeren Bedingungen dafür gegeben sind, daß ein Sachverhalt bestehen kann, d. h. in diesem Sinne möglich ist. Die Schwierigkeiten in dieser Bestimmung, die häufig zur Ablehnung ontologischer Diskussion überhaupt führen, werden deutlich, wenn wir fragen: Was ist ein Sachverhalt und was sind seinsimmanente Gründe? Dazu treffen wir folgende Festsetzung:

a) Unter *Sachverhalt* verstehen wir alles, was von uns zum Bezugspunkt einer Aussage gemacht werden kann, also z. B. „es regnet“, „ich freue mich“, „Gerechtigkeit ist gut“, „es gibt kein perpetuum mobile“, „$2 \cdot 2 = 4$“ usw. Diese Sachverhalte sind *Seiendes,* wobei wir unter Seiendem – mit Rücksicht auf Negationsurteile wie „es gibt kein perpetuum mobile“ – auch einen Zustand in der Gegenstandsordnung verstehen. Hier also ist der Zustand in der Gegenstandsordnung derart, daß darin kein perpetuum mobile existiert.

b) *Seinsimmanente Gründe* nennen wir diejenigen Voraussetzungen in der Seinsordnung, die das Bestehen eines Sachverhaltes ermöglichen. Gerade hierin zeigt sich sehr deutlich die enge Bezogenheit der ontologischen Betrachtungsweise auf die logische. Denn es ist selbstverständlich, daß ich nur etwas als Voraussetzung für irgendeinen Zustand oder einen Prozeß usw. ansprechen kann, was sich mir gemäß meiner Denk- und Erkenntnisstruktur als solche darstellt.

Wir müssen diese Zusammenhänge, die auf weitere erkenntnis- und wissenschaftstheoretische Probleme verweisen, auch bei unseren folgenden Überlegungen im Auge behalten.

Ontologische Möglichkeit. Da Sein sich also im Realen wie im Idealen entfaltet, bezieht man die ontologischen Modalitäten auf reale und ideale Sachverhalte. Es wird sich zeigen, daß hierbei aber Unterschiede beachtet werden müssen. Eine ontologische Möglichkeit in bezug auf einen idealen Sachverhalt wird in folgendem Satz ausgesagt: „Ein gerechtes Staatswesen ist möglich“. Damit will ich nicht sagen, daß es ein gerechtes Staatswesen gibt, auch nicht, daß ich konkret weiß, wie es zu verwirklichen ist. Was ich sagen will, ist: Staatswesen und Gerechtigkeit schließen sich nicht aus, sind in bezug auf ein Seiendes miteinander vereinbar, auch wenn menschliche Unzulänglichkeit nicht zur Verwirklichung führt. Eine reale Möglichkeit setzt demgegenüber aber gerade das Vorliegen der realen Bedingungen, die für den Erfolg erforderlich sind, voraus, so z. B. wenn ich sage: „Es ist möglich, daß meine Mannschaft das Spiel gewinnt". D. h.: die physischen Bedingungen dafür sind erfüllt. Oder man sagt: „Es ist möglich, daß es gleich regnen wird". Das bedeutet, daß nach den Wetterbedingungen in jedem Augenblick der Regen einsetzen kann.

Ontologische Unmöglichkeit. Dem Begriff des Möglichen ist der des Unmöglichen kontradiktorisch entgegengesetzt, d. h.: was nicht möglich ist, ist unmöglich, und was nicht unmöglich ist, ist möglich. Ideal unmöglich ist in sich Widersprüchliches, Prädikationen, die nicht gleichzeitig auf ein Seiendes beziehbar sind (vgl. unten das Widerspruchsprinzip), wie z. B. „ein viereckiger Kreis". Real unmöglich ist etwas, dessen Verwirklichung infolge naturgesetzlicher oder psychischer Fakten ausgeschlossen ist, z. B.: „Die Konstruktion eines perpetuum mobile ist unmöglich" oder „Das Begehen eines Mordes ist mir unmöglich".

Ontologische Notwendigkeit und Tatsächlichkeit. Nun betrachten wir die Begriffe Notwendigkeit und Tatsächlichkeit *(Kontingenz).* Zunächst ist evident, daß beide die *Möglichkeit* voraussetzen, also sich nicht auf Unmögliches beziehen können. Jedoch besteht folgender Unterschied: Die Nichtwirklichkeit des Notwendigen ist unmöglich, die Nichtwirklichkeit des bloß Tatsächlichen (Kontingenten) ist möglich. Damit steht die Notwendigkeit in konträrem Gegensatz zur Unmöglichkeit: notwendig ist das, dessen Nicht- oder Anderssein unmöglich ist.

Gelegentlich bezieht man auch den Begriff der Notwendigkeit gesondert auf ideal und real Seiendes. Ideal notwendig, so sagt man, ist z. B. der Sachverhalt folgender Urteile: „Die Winkelsumme im euklidischen Dreieck beträgt notwendig zwei Rechte" oder „Die Kugel ist notwendig rund". Als real notwendig bezeichnet man dagegen alles, was aus den als allgemeingültig anerkannten Naturgesetzen folgt, z. B.: „Bei jedem mechanischen Vorgang wird die Entropie notwendig vermehrt". Alles nicht Notwendige, Zufällige wird demgegenüber kontingent genannt.

Wir wollen nun fragen, ob und inwieweit die Annahme *realer Notwendigkeit* gerechtfertigt ist. Bei der Verteidigung realer Notwendigkeit stützt man sich auf die Allgemeingültigkeit der Naturgesetze, also z. B. des erwähnten Entropiesatzes, des Fallgesetzes, der Gasgesetze usw. Naturgesetze finden wir auf induktivem Wege, d. h. durch Verallgemeinerung von Beobachtungsdaten, kommen damit aber immer nur zu einem gewissen Grad von Wahrscheinlichkeit, nicht zu völliger Gewißheit. Doch, selbst wenn wir ein Naturgesetz absolut sicher erkannt hätten, müßte es deshalb mit Notwendigkeit bestehen? Als man noch nichts von Antimaterie wußte, hätte man behaupten können, die Materieteilchen zeigten mit Notwendigkeit diese und jene Eigenschaft. Auf einmal aber fand man, daß auch Entgegengesetztes möglich ist. So ist es im Grunde mit allem Naturseienden. Natürlich fällt ein Stein, da das Fallgesetz gilt, derart, daß der Fallweg dem Quadrat der Fallzeit proportional ist. Aber daß diese Beziehung notwendig so bestünde, kann man keineswegs behaupten. Das Naturseiende oder endlich Seiende ist tatsächlich so wie es ist, Entwicklungen verlaufen so, wie sie verlaufen. Daß dahinter eine Notwendigkeit bestünde, kann niemand beweisen oder hinreichend begründen. Und niemand kann die Möglichkeit ausschließen, daß nicht alles ganz anders sein könnte, ja daß sich vielleicht sogar manches nur für uns so darstellt, als *Phänomen,* weil unsere Wahrnehmungsorgane überhaupt nur auf Seiendes dieser Beschaffenheit reagieren. Wir wollen hier durchaus nicht spekulieren, sondern lediglich festhalten: alles Naturgeschehen einschließlich der ihm immanenten Gesetzlichkeit, der Existenz des Menschen und seiner Fähigkeiten zu erkennen, zu denken und zu handeln ist kontingent, ist nicht notwendig, so lange wir unter Notwendigkeit verstehen, daß ein Nicht- oder Anderssein aus seinsimmanenten Gründen unmöglich ist. Mithin beschränken wir den Begriff ontologischer Notwendigkeit auf *ideal Seiendes.*

Ideal-ontologische Modalitäten = logische Modalitäten

Soweit wir also im folgenden von ontologischer Notwendigkeit sprechen werden, beziehen wir diesen Ausdruck ausschließlich auf die ideale Notwendigkeit. Um den Unterschied von Tatsächlichkeit und Notwendigkeit auszudrücken, sprach die klassische Philosophie einerseits von Tatsachenwahrheiten, andererseits von Wesenswahrheiten. Leibniz setzte an diese Stelle die Unterscheidung: *vérités de fait* und *vérités de raison.* Durch den Ausdruck *raison* = Vernunft wird der enge Zusammenhang zwischen der im Wesen eines Dinges sich anzeigenden notwendigen Wahrheit und der in der menschlichen Vernunft bereitliegenden Notwendigkeit im Sinne einer „ewigen logischen Geltung" sichtbar.

Betrachten wir einige der von der *Ontologie* diskutierten Urteile von idealer Notwendigkeit: „Wirklichkeit gründet in Möglichkeit"; „Keine Wirkung ohne Ursache"; „Zwischen Sein und Nichtsein gibt es kein Drittes"; „Wenn a größer als b und b größer als c, dann ist a größer als c". In jedes dieser Urteile könnte man das Wort „notwendig" einfügen. Und in jedem kommt ein ideal-ontologischer Sachverhalt von notwendigem Charakter zum Ausdruck. Aber worin besteht die Wirklichkeit und damit die Notwendigkeit solcher Sachverhalte? Allein doch darin, daß sie vom Menschen gedacht werden, und daß in der Art, wie sie gedacht werden, *Gesetzmäßigkeiten des Denkens* hervortreten. Im Denkvollzug *setzt* der Mensch diese Sachverhalte, er aktualisiert dabei gewissermaßen Seinszüge in Abhängigkeit von seiner Denkstruktur. Damit ist die Brücke zwischen ontologischer und logischer Notwendigkeit, Tatsächlichkeit und Möglichkeit geschlagen. In den ideal-ontologischen Modalitäten sind die logischen Modalitäten bereits enthalten.

Es gibt Auffassungen, die sehr erheblich von der hier referierten abweichen. Es soll auch um das Für und Wider nicht weiter diskutiert werden. Die Meinung, die hier vorgetragen wurde, deckt sich mit der Grundannahme in meinem schon erwähnten Buch „Natur und Ordnung", daß nämlich eine hintergründige, für uns rational gar nicht ausschöpfbare Seinsordnung sich darstellt, evolutiv entfaltend, in den einzelnen Bereichen der Wirklichkeit, wobei der Grad der Entfaltung abhängt vom Komplexitätsgrad der jeweiligen materiellen Struktur. Und unsere logischen Gesetze sind die Entfaltung auf der Ebene der Komplexität menschlicher Hirnstrukturen. Daß damit ein Zusammenhang zwischen Denk- und Seinsgesetzen bestehen muß, ist ganz selbstverständlich.

Logische Notwendigkeit. Nach diesen Bemerkungen sehen wir uns noch die logischen Modalitäten im einzelnen an. Logische Notwendigkeit, sprachlich ausgedrückt im apodiktischen Urteil, liegt gemäß dem vorher Gesagten dann vor, wenn uns das Urteil auf Grund der Gesetze unseres Denkens „aufgezwungen" wird. Ob man diesen Zwang durch sprachliche Zusätze wie „notwendig", „muß" usw. ausdrückt ist durchaus sekundär. Pfänder bezeichnet z. B. den Satz „Das Messer muß auf dem Tisch liegen" als apodiktisches Urteil. Dieser Auffassung möchte ich nicht zustimmen. Das „muß" in dem Pfänderschen Beispiel bringt doch nur die feste persönliche Überzeugung des Urteilenden zum Ausdruck, ist also eher *psychologischer* Natur. Logisch gesehen steckt in dem Urteil keinerlei Notwendigkeit. Wir scheiden deshalb Urteile dieser Art aus der logischen Notwendigkeit aus, ähnlich wie wir bereits oben Urteile sogenannter real-ontologischer Notwendigkeit ausgeklammert haben.

Fragen wir, wo denn nun von einem apodiktischen Urteil gesprochen werden kann, so stoßen wir – wie Otto Most gezeigt hat – auf Urteile, in denen eine *Wesenseinsicht* zum Ausdruck kommt, das sind die gleichen, die wir oben – S. 47 – als notwendig in ideal-ontologischem Sinne bezeichnet haben, und auf Gedankengefüge, in denen ein logisch zwingender Schluß vorliegt: alle Katzen sind Raubtiere, alle Raubtiere sind Fleischfresser, folglich sind alle Katzen Fleischfresser. Um das Apodiktische des Schlußsatzes hervorzuheben, könnte man auch sagen: folglich sind alle Katzen *notwendig* Fleischfresser, weil nämlich das Urteil mit Notwendigkeit folgt, auch wenn es für sich nur eine Tatsächlichkeit aussagt. Übrigens wird gerade an dem letzten Beispiel wieder recht deutlich, daß auch die logischen Modalitäten in Sachverhalten gründen. Warum ist denn der vorgenannte

Schluß logisch zwingend? Doch nur, weil er in einem Sachverhalt *begründet* ist. Man kann sich das folgendermaßen klarmachen: Wir zeichnen auf Papier einen Kreis und nehmen an, alle Poren des Papiers, die in diesem Kreis liegen, stellen je ein Raubtier dar. Dann zeichnen wir innerhalb dieses Kreises einen kleineren und sagen: diejenigen Poren, die dieser umfaßt, sind unter den Raubtieren die Katzen. Um den Kreis der Raubtiere *herum* zeichnen wir dann einen noch größeren, der die Menge der Fleischfresser darstellen soll. Und nun ergibt sich *anschaulich*, daß die Menge der Katzen innerhalb der Menge der Fleischfresser liegt, was ja das Ergebnis des Schlusses war. Die „logische Notwendigkeit" gründet also in einem Sachverhalt, der mengentheoretisch anschaulich darstellbar ist. So ergibt sich folgende zirkelhafte Situation, über die weiter zu diskutieren aber unsere Aufgabe überschreiten würde:

1. Die Logik zielt notwendig auf Sachverhalte und ist daher in ontischen Verhältnissen fundiert. Logische Gesetze gründen in Seinsgesetzen. *Die Logik ist ontologisiert.*
2. In der Form, unter der wir über Sachverhalte reflektieren, insbesondere in den von uns erkannten „Seinsgesetzen" sind unsere Denkgesetze bereits enthalten. *Die Ontologie ist logisiert.*

Logische Tatsächlichkeit. Liegt einem Urteil weder eine logische Notwendigkeit noch eine bloße Widerspruchsfreiheit zu Grunde, so handelt es sich um ein assertorisches Urteil. Seine Ausdrucksform „S ist P" unterscheidet sich nicht vom bejahenden oder kategorischen Urteil, doch wird eben hier das spezifische Moment der bloßen Tatsächlichkeit ins Auge gefaßt gegenüber Möglichkeit und Notwendigkeit. Es geht also beim assertorischen Urteil nicht um Bejahung an sich, auch wenn sie mit enthalten ist, und es geht nicht um unbedingte Behauptung, auch wenn sie mit enthalten ist, es geht um das Feststellen einer bloßen Tatsächlichkeit entsprechend der ontologischen Kontingenz.

Logische Möglichkeit. Im problematischen Urteil fehlt das volle Behauptungsgewicht der Kopula, es negiert im Grunde nur die Unmöglichkeit der Aussage. Wir wollen auch hier wieder – entsprechend unseren Überlegungen zur logischen Notwendigkeit – Urteile ausklammern, die lediglich eine Unsicherheit in der persönlichen Überzeugung ausdrücken, wie z. B.: „Die Sängerin, die ich soeben höre, ist vielleicht Ingeborg Hallstein", d. h. vielleicht auch nicht, ich weiß es nicht genau. Wir verwenden statt dessen den Begriff „möglich" in logischer Bedeutung als „einstimmig", „nicht widersprüchlich", „denkbar". Damit kommen wir natürlich wieder – gemäß den oben angestellten Erwägungen – in starke Nähe zur entsprechenden ontologischen Modalität. Folgendes Beispiel, das in seiner Struktur auf Thomas von Aquin († 1274) zurückgeht (Bochenski LV 1; 211 ff.), das hier aber in moderner Form dargestellt wird, möge das Gemeinte verdeutlichen:

1. „möglich" als *ontologischer* Funktor, die Aussage betrifft unmittelbar einen ontischen Sachverhalt: „Wenn ein Mensch ein Logiker ist, dann ist dieser Mensch möglicherweise auch ein Mathematiker."
2. „möglich" als *logischer* Funktor, hier tritt ein metasprachliches Element auf, die Aussage bezieht sich auf eine andere Aussage (dictum) im Hinblick auf deren logische Einstimmigkeit: „Es ist möglich (denkbar, nicht widersprüchlich), daß ein Mathematiker ein Logiker ist."

Einen Lateiner werden vielleicht die Originalbeispiele von Thomas interessieren:

zu 1. Socratem possibile est currere (Modus innerhalb des dictums, als Ausdruck ontologischer Funktion);

zu 2. Socratem currere est possibile (Das dictum ist Subjekt, der Modus Prädikat, wodurch seine logische Funktion hinsichtlich des dictums zum Ausdruck kommt).

Zusammenfassende Urteilsbestimmung

Damit wollen wir unsere Überlegungen bezüglich der Einteilungsmöglichkeit der Urteile abschließen. Pfänder gibt (LV 20; 128) folgende zusammenfassende Bestimmung des Urteils:

„Ein Urteil ist eine *sinnvolle, entfaltete Einheit* von mindestens *drei Begriffen,* in der ein *Subjektbegriff* irgend

Quantität	*einen* oder *mehrere,* und zwar einen *einzelnen* oder *einige* oder *alle* Gegenstände eines bestimmten Umkreises, und zwar *individuelle* oder *Artgegenstände,* und bei jedem dieser entweder *solitäre* oder *Kollektivgegenstände*
	zu unterliegenden Subjektgegenständen macht; in der dann weiter ein *Kopulabegriff* etwas
Qualität	auf den Subjektgegenstand hinbezieht, und zwar entweder *positiv,* hinzusetzend, oder *negativ,*
	abspreizend, und zugleich in einer zweiten, dieser Hinbeziehungsfunktion überlegten Behauptungsfunktion
Modalität	mit bestimmtem, entweder *abgedämpftem* oder *vollem* oder *verstärktem* logischem Gewicht
Relation	entweder *bedingungslos* oder bedingt, und in letzterem Falle wieder entweder *hypothetisch* oder *disjunktiv*
	das durch den Prädikatbegriff Gemeinte, und zwar entweder
Prädikamente	ein ‚*Was*' oder ein ‚*Wie*' oder eine ‚*Seinsart*' oder irgendeine *Relationsbestimmtheit,*
	nachdem diese auf den unterliegenden Subjektgegenstand positiv oder negativ hinbezogen sind,
Behauptung und Anspruch auf Wahrheit	*behauptet* und damit den *Anspruch auf Wahrheit* des Urteils selbst und aller in ihm implizierten Urteile macht.“

III

LOGISCHE BEZIEHUNGEN ZWISCHEN URTEILEN

Nach dieser Bestimmung des Urteils müssen wir uns noch eingehender mit den logischen Beziehungen zwischen Urteilen befassen. Bei den hypothetischen und disjunktiven Urteilen haben wir bereits solche kennengelernt, obwohl dort die Beziehung zwischen Subjekt (S) und Prädikat (P) im Vordergrund stand. Auf weitere Beziehungen zwischen Urteilen werden wir bei der Besprechung der Schlüsse stoßen, denn Schlüsse sind ja wesentlich Folgerungen aus mindestens einem Urteil, d. h. der Schluß muß insgesamt wenigstens zwei Urteile enthalten. Bevor wir aber darauf spezieller eingehen, wollen wir andere, ebenfalls wichtige Beziehungen erörtern, und zwar zunächst die Urteilsgegensätze.

Gegensätze von Urteilen

Das Problem des Gegensatzes war schon im Zusammenhang mit der Besprechung der Begriffe aufgetaucht, begegnete uns wieder bei den disjunktiven Urteilen und soll jetzt systematisch behandelt werden. Die Bildung eines Gegensatzes hat in der Logik vor allem deshalb große Bedeutung, weil sie neben exaktem Schließen oft das Aufdecken von Irrtümern erleichtert und der Beweisführung dient, ein Verfahren, das eine gewisse Ähnlichkeit mit dem indirekten Beweis in der Mathematik hat. Um zwei Urteile aber als wirklich entgegengesetzt bezeichnen zu können, müssen sie denselben Subjektbegriff und denselben Prädikatbegriff haben, und zwar derart, daß im einen Urteil das P bezüglich des S bejaht, im anderen verneint wird. Außerdem müssen die Urteile und die in ihnen verwendeten Wörter in derselben Supposition (Bedeutung) genommen werden, sonst prallen die Urteile nicht aufeinander. Man sagt dann, die Leute reden aneinander vorbei, eine Feststellung, die man im Alltag oft machen kann. So führt undeutliche Ausdrucksweise zu scheinbaren Gegensätzen (sogar in den Wissenschaften) und kann Spannungen hervorrufen, für die gar kein objektiver Grund gegeben ist.

Wir haben die Urteile bereits unter Berücksichtigung ihrer Quantität und Qualität in a-, e-, i- und o-Urteile eingeteilt. Unter Beibehaltung dieser Einteilung ermitteln wir jetzt die zwischen diesen vier Formen möglichen Gegensätze.

Unterscheiden sich zwei Urteile nur nach der *Quantität* (universal – partikulär: a – i, e – o), so heißt der Gegensatz *subaltern* (wegen der Unterordnung des partikulären unter das universale Urteil): alle – einige (irgendein); kein – einige nicht (irgendein nicht).

Unterscheiden sich zwei Urteile nur hinsichtlich ihrer *Qualität* (bejahend – verneinend), so heißt der Gegensatz *konträr* (lat. contrarius = entgegengesetzt), falls die beiden Urteile allgemein sind (a – e; alle – kein). Der Gegensatz heißt *subkonträr,* falls die beiden Urteile partikulär sind (i – o; einige – einige nicht).

Unterscheiden sich zwei Urteile sowohl nach ihrer *Quantität* als auch nach ihrer *Qualität,* so nennen wir den Gegensatz *kontradiktorisch* (lat. contradicere = widersprechen) (a – o; e– i; alle – einige nicht; kein – einige).

Wir verdeutlichen uns diese Zusammenhänge mit Hilfe folgender Skizze:

Alle S sind P
= Kein S ist nicht P

Kein S ist P =
Alle S sind nicht P

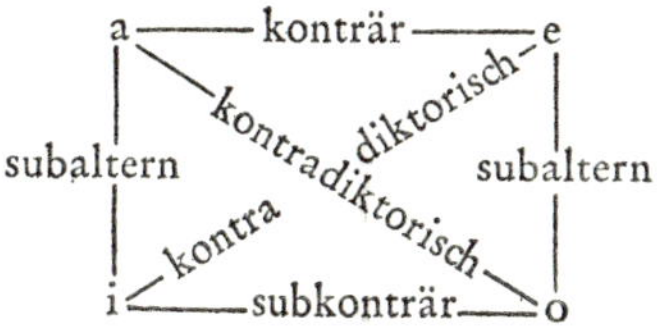

Einige S sind
P (Irgendein
S ist P)

Einige S sind
nicht P (Irgendein
S ist nicht P)

Man sieht, daß subkonträre Gegensätze nur in sehr abgeschwächtem Sinne überhaupt als Gegensätze bezeichnet werden können, da sich zwei zueinander subkonträre Urteile gar nicht unbedingt ausschließen. Den weitesten Abstand zueinander haben konträre Urteile. Und die Gegensatzbildung durch einfache Verneinung, d. h. durch Voranstellen eines „nicht" (Näheres hierzu vgl. unten) führt zum kontradiktorischen Gegensatz.

Gelegentlich bezieht man auch die Modalbegriffe in die Gegensätze ein und sagt – wie schon oben bemerkt –, zwischen Unmöglichkeit und Möglichkeit bestehe ein kontradiktorischer, zwischen Unmöglichkeit und Notwendigkeit ein konträrer Gegensatz.

Wahrheit entgegengesetzter Urteile. Bezüglich der Wahrheit oder Unwahrheit entgegengesetzter Urteile hat man eine Reihe von Regeln aufgestellt, die leicht eingesehen werden können:

1. *Kontradiktorische* Urteile können nicht zugleich wahr und nicht zugleich unwahr sein, weil das eine bejaht, was das andere verneint. Deshalb folgt aus der Wahrheit des einen die Falschheit des anderen und umgekehrt.
2. *Konträre* Urteile können nicht zugleich wahr, sie können aber zugleich unwahr sein. Es kann z. B. etwas geben, das weder für alle noch für keinen Menschen gilt, wohl aber für einige, womit beide konträr entgegengesetzten Urteile falsch sind. Darum kann aus der Wahrheit des einen Urteils auf die Falschheit des anderen geschlossen werden, aber nicht umgekehrt.
3. *Subkonträre* Urteile können – wie schon erwähnt wurde – beide zugleich wahr sein. Das folgt daraus, daß ihre kontradiktorischen Gegensätze, die konträren Allgemeinurteile, beide zugleich falsch sein können. Andererseits können aber subkonträre Urteile nicht beide zugleich falsch sein. Wäre das nämlich möglich, so müßten ihre kontradiktorischen Gegensätze beide zugleich wahr sein können, was – wie unter 2. gezeigt – nicht der Fall ist. Mithin kann aus der Unwahrheit eines subkonträren Urteils auf die Wahrheit des anderen geschlossen werden, aber nicht umgekehrt.
4. *Subalterne* Urteile können beide zugleich wahr und beide

zugleich falsch sein, weil sie sich nicht hinsichtlich ihrer Qualität, sondern nur hinsichtlich ihrer Quantität unterscheiden. Nun ist aber das allgemeine Urteil dem partikulären übergeordnet, bzw. das partikuläre dem allgemeinen untergeordnet. Daraus folgt: was für alle gilt, gilt auch für einige, was aber für einige gilt, braucht nicht für alle zu gelten. Was jedoch schon für einige nicht gilt, kann auch nicht für alle gelten, und was nicht für alle gilt, kann trotzdem für einige gelten. So ergibt sich: aus der Wahrheit des allgemeinen Urteils folgt die Wahrheit des partikulären, aber nicht umgekehrt. Aus der Falschheit des partikulären Urteils folgt die Falschheit des allgemeinen, aber nicht umgekehrt.

Gegensatzbildung. Unser natürliches logisches Denken ist zweiwertig: Sein oder Nichtsein, Subjekt oder Objekt, Ich oder Du, wahr oder falsch. Heute wird oft diskutiert, ob wir nicht durch diese Aufspaltung die Seinswirklichkeit verzerren oder verfälschen (vgl. auch unten S. 75 f.).

Im logischen Bereich gibt es mehrere Versuche, die von einer uneingeschränkten Zweiwertigkeit der Logik, die nur die Wahrheitswerte „wahr“ und „falsch“ kennt, wegführen. So gelangt man entweder zu mehrwertigen (meist dreiwertigen) Logiken oder zu axiomatisch eingeschränkten zweiwertigen. Die axiomatische Einschränkung besteht darin, daß durch geeignete Wahl der Axiome bestimmte Sätze unanwendbar werden, wie z. B. im sog. „intuitionistischen Logikkalkül“ der Satz vom ausgeschlossenen Dritten (Tertium non datur) und der Satz der doppelten Verneinung. Dabei kann man mit Gerhard Frey zeigen (LV 7; 53 f.), daß wenigstens zum Teil dieser Kalkül unserer Umgangssprache näher steht als der rein „alternäre“ (uneingeschränkt zweiwertige). Denn es ist z. B. sicher nicht dasselbe, ob jemand nicht die Wahrheit oder ob er die Unwahrheit sagt, ob jemand begabt oder nicht unbegabt ist usw. Dieser sprachliche Reichtum ist ja notwendig, um alle Nuancierungen, die persönlichem Empfinden entsprechen, auch formulieren zu können. Falsch ist natürlich der oft gehörte Satz „Die Kleine ist gar nicht so unübel“, weil damit nämlich gesagt werden soll, daß sie eigentlich ganz nett sei, während tatsächlich das Gegenteil ausgesprochen wird.

Wir wollen uns aber, um diese Einführung in die Logik nicht unübersichtlich werden zu lassen, darauf festlegen, daß wir auf dem Boden einer uneingeschränkten zweiwertigen Logik operieren. Für sie gilt sowohl das Tertium non datur als auch der schon der Stoa bekannte Satz der doppelten Verneinung: ‚Nicht nicht-p' genau dann, wenn p.

Gegensätze bilden wir – abgesehen von der Subalternation – durch Verneinung, d. h. durch Einfügen eines „nicht". Welche Gegensatzarten ergeben sich in Abhängigkeit von der jeweiligen Stellung des „nicht" im Satz? Wird es dem Satz vorangestellt, so entsteht der kontradiktorische Gegensatz: aus einem a-Urteil wird ein o-Urteil, aus einem e- ein i-Urteil und jeweils umgekehrt. Setzt man aber das „nicht" dem Subjekt nicht voran, sondern nach, also bei Normalform des Urteils zwischen S und P, so entsteht aus dem allgemeinen Urteil sein konträrer, aus dem partikulären Urteil sein subkonträrer Gegensatz. Man verdeutliche sich die Zusammenhänge an Hand der Skizze S. 53.

Setzt man schließlich das „nicht" dem S sowohl vor als auch nach, so erhält man den subalternen Gegensatz: aus dem a-Urteil wird durch Einfügen des „nicht" *hinter* dem S das e-Urteil und durch anschließendes *Voranstellen* eines weiteren „nicht" das i-Urteil. Beispiel: „Alle Menschen sind Radfahrer – alle Menschen sind nicht Radfahrer – nicht alle Menschen sind nicht Radfahrer (= einige Menschen sind Radfahrer)." Der Leser verdeutliche sich die weiteren Übergänge (e–a–o; i–o–a; o–i–e) ebenfalls an der Skizze S. 53.

Äquipollenz (Gleichmächtigkeit, Gleichwertigkeit)

Eine logische Gleichwertigkeit zwischen Urteilen positiver und negativer Form nennt man Äquipollenz. Gelegentlich, so z. B. bei Pfänder, wird die Äquipollenz als eine Form des unmittelbaren Schlusses aufgefaßt, wobei sich die Conclusio (die Folgerung, der zweite Satz) zur Prämisse (dem Vorausgeschickten, dem ersten Satz) so verhält, „daß sie das kontradiktorische Gegenteil des Prädikatbegriffes dieser zu ihrem eigenen Prädikatbegriff macht, im Subjektbegriff völlig mit ihr übereinstimmt, aber die entgegengesetzte Qualität der Kopula zeigt" (Pfänder LV 20; 280).

Diese Beschreibung sieht man leicht ein, wenn man sie sich durch Beispiele verdeutlicht. Wir verwenden dabei hier wie auch später bei den Schlüssen die Schreibweise, daß wir Urteilsquantität und -qualität durch einen zwischen Subjektbegriff (S) und Prädikatbegriff (P) gesetzten Buchstaben kennzeichnen.

Ist ein *positives* Ausgangsurteil gegeben, so ergeben sich folgende zwei mögliche Äquipollenzformen:

SaP, also Se Non-P
SiP, also So Non-P.

Ist das Ausgangsurteil *negativ*, so sind folgende Formen gültig:

SeP, also Sa Non-P
SoP, also Si Non-P.

Man bemerkt, daß die Äquipollenz auf limitative Urteile führt und daß man die Formeln jeweils von links wie von rechts lesen kann. Aus diesem Grunde sind sie auch nur bedingt als Schlüsse anzusehen. Zweckmäßiger werden sie als gleichwertige Urteile bezeichnet. Entsprechendes gilt – zum Teil – auch für die Gegensätze sowie für die unten zu besprechende Umkehrung und Kontraposition.

Verneinung komplexer Urteile

Sind Urteile durch eine Relation verbunden, so verneint man den ganzen Komplex *metasprachlich,* indem man setzt: „Es ist falsch, daß ..." oder „Es trifft nicht zu, daß ...". Greifen wir auf unser Beispiel eines kopulativen Urteils (vgl. S. 35) zurück: „Logik und Mathematik erfordern die Fähigkeit abstrakten Denkens." Um dieses Urteil zu verneinen kann man also sagen: „Es trifft nicht zu, daß Logik und Mathematik die Fähigkeit abstrakten Denkens erfordern." Wie gesagt handelt es hier um eine metasprachlich vollzogene Verneinung. Man kann dieses Urteil aber gleichwertig umformen und dabei die Aussage in sich, also objektsprachlich verneinen: „Logik oder Mathematik erfordern nicht die Fähigkeit abstrakten Denkens", wobei zu beachten ist, daß das „oder" hier einschließende Bedeutung (vgl. oben S. 42) haben muß. Denn man will ja durch Verneinung dieses kopulativen Urteils sagen „Entweder erfordert die Logik nicht die Fähigkeit abstrakten Denkens oder die Mathematik erfordert sie nicht oder beide erfordern sie nicht".

Auch bei dem oben (S. 36) erwähnten adversativen Urteil „Hindenburg war ein erfolgreicher Heerführer, aber kein erfolgreicher Politiker" kann man einmal metasprachlich verneinen, indem man sagt: „Es trifft nicht zu, daß Hindenburg ein erfolgreicher Heerführer aber kein erfolgreicher Politiker war." Soll die Verneinung aber innerhalb der objektsprachlichen Aussage selbst vorgenommen werden, so führt sie notwendig auf ein disjunktives mehrgliedriges Urteil, bei dem genau darauf zu achten ist, daß die Aufzählung der Möglichkeiten (Glieder), die zu verneinen sind, vollständig ist. Es muß also heißen: „Hindenburg war entweder ein erfolgreicher Heerführer und ein erfolgreicher Politiker oder kein erfolgreicher Heerführer aber ein erfolgreicher Politiker oder weder ein erfolgreicher Heerführer noch ein erfolgreicher Politiker."

Auch hypothetische und disjunktive Urteile können entweder meta- oder objektsprachlich verneint werden. Die metasprachliche Verneinung geschieht so, wie oben gezeigt wurde. Bei der objektsprachlichen ist zu beachten, daß das verneinende „nicht" unmittelbar auf die Relation bezogen werden muß. Haben wir z. B. das hypothetische Urteil „Aus A folgt B", so verneinen wir es durch „Aus A folgt nicht B". Entsprechend wird das vollständig disjunktive Urteil „A ist entweder B oder C" verneint durch die Formulierung „A ist nicht entweder B oder C", die sich dann weiter umformen läßt (vgl. oben S. 40): „A ist entweder B und C oder weder B noch C".

Schließlich ist auch bei der Verneinung modaler Urteile zu beachten, daß die Verneinung den modalen Funktor treffen muß und nicht etwa das Subjekt oder Prädikat. Will man also den modalen Ausdruck „Daß ein Mathematiker ein Logiker ist, ist möglich" verneinen, so muß es heißen: „Daß ein Mathematiker ein Logiker ist, ist nicht möglich." Es ergäbe aber eine andere

Bedeutung, würde man etwa sagen: „Daß ein Mathematiker nicht ein Logiker ist, ist möglich."

Umkehrung (Konversion) der Sätze

Wir haben mit unseren voraufgegangenen Überlegungen bereits dem wichtigen Kapitel der logischen Schlüsse vorgearbeitet. Denn, so wird sich noch genauer zeigen, die sogenannten *unmittelbaren* Schlüsse, also Gedankenfolgerungen aus Urteilen ohne Zwischenglieder, beruhen auf der Gegensatzbildung, der Äquipollenz, der Über- und Unterordnung und schließlich der jetzt noch zu besprechenden Umkehrung.

Statt „Umkehrung der Sätze" heißt es oft „Umkehrung der Urteile". Gegen die letztgenannte Bezeichnung erhebt Pfänder nicht unberechtigte Einwände. Tatsächlich geschieht nämlich mit den Urteilen bei Operationen, die man Umkehrung nennt, mehr als ein bloßes Vertauschen von S und P, denn in den meisten Fällen kommt es auch zu einer kategorialen Veränderung des P-Begriffs, aus „blau" wird „etwas Blaues" usw. Mit unserer Bezeichnung „Umkehrung der Sätze" versuchen wir, diese Einwände zu vermeiden.

„Umkehrung" bedeutet also Vertauschung von S und P. Nun sind aber S und P keine Wechselbegriffe, weil sie nur in den seltensten Fällen einmal gleichen Umfang haben. Ein solcher Fall liegt bei einer *Begriffsdefinition* vor, also wenn wir sagen: „Der Mensch ist ein animal rationale." Hier decken sich die Umfänge von S und P, alles was Mensch ist, ist auch animal rationale und umgekehrt. Man kann sich diese Beziehung durch zwei sich völlig deckende Kreise verdeutlichen oder in der Sprache der Mengenlehre sagen: alle Elemente der Menge der Menschen gehören auch zur Menge der anamalia rationalia und umgekehrt, d. h. beide Mengen sind gleich.

In den meisten Fällen aber ist der Umfang des P-Begriffs größer als der des S-Begriffs. Wenn ich sage: „Alle Menschen sind sterblich", so bedeutet das nicht, daß „Menschen" und „Sterbliche" gleichen Umfang haben, vielmehr bilden die Menschen nur einen Teil der Menge der Sterblichen, zu der ja auch andere Lebewesen gehören. Man kann sich diese Beziehung, bei der der Umfang des P-Begriffs vom S-Begriff nur zum Teil beansprucht wird, durch nachstehendes Kreisschema verdeutlichen. Der große Kreis (P) bildet den Umfang des Prädikatbegriffs, der kleinere (S) den des Subjektbegriffs ab. Fig. 1 zeigt auch recht anschaulich, daß es nicht ohne weiteres zulässig ist, S und P zu vertauschen.

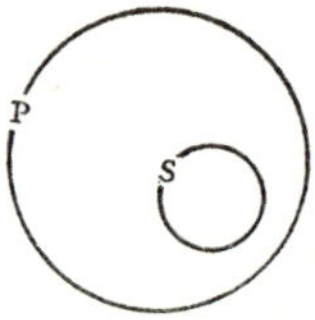

Fig. 1

Das eben genannte Beispiel wäre auch schon ein Fall, bei dem, wollte man S und P vertauschen, der P-Begriff kategorial verändert würde: aus dem Eigenschaftswort „sterblich“, das stets ein Bezugsobjekt benötigt, würde das selbständige Hauptwort „Sterblicher“, das nun keine akzidentelle Eigenschaft, sondern ein substantielles Wesen meint, wenn wir uns dieser Termini der aristotelischen Ontologie bedienen wollen. Man könnte diese Schwierigkeit umgehen, indem man – wie oben S. 32f. im Anschluß an Bentham gezeigt – setzt: „Alle Menschen sind einige Sterbliche.“ Dieser Ausdruck kann ohne kategoriale Veränderung und vollständig umgekehrt werden. Da diese Form aber sprachlich ungebräuchlich ist, lassen wir es bei der kategorialen Veränderung des P-Begriffs; es genügt schließlich, sich diese Tatsache bewußt gemacht zu haben. Wollen wir also z. B. den Satz: „Einige Menschen sind blond“ umkehren, so sagen wir *nicht:* „Blond sind einige Menschen“, denn das wäre dasselbe, nur in anderer Wortfolge, wir sagen: „Einige Blonde (einige blonde Wesen) sind Menschen.“ Ähnlich gilt: „Einige Kugeln sind gelb“ – „Einige gelbe Gegenstände sind Kugeln.“

Nach diesen vorbereitenden Bemerkungen wollen wir die drei Arten der Umkehrung genauer untersuchen: die *einfache* oder vollkommene Umkehrung (conversio simplex), die *teilweise* Umkehrung (conversio per accidens) und die *Kontraposition,* die gelegentlich auch uneigentliche Umkehrung genannt wird.

Die einfache Umkehrung. Eine Vertauschung von S und P ohne Änderung der Quantität des Urteils heißt einfache oder vollkommene Umkehrung. Sie ist nur möglich bei e- und i-Urteilen. Wir veranschaulichen uns auch diese Urteile durch Kreisfiguren:

e-Urteil

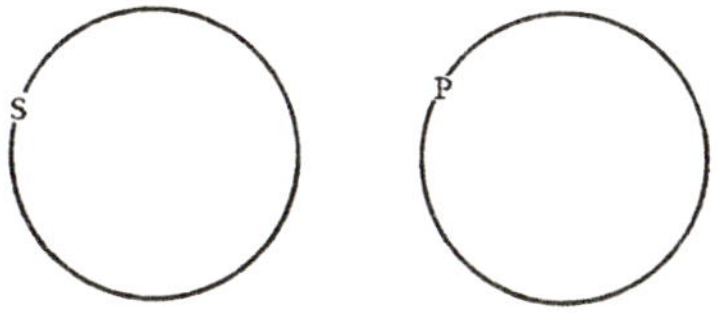

Fig. 2

i-Urteil

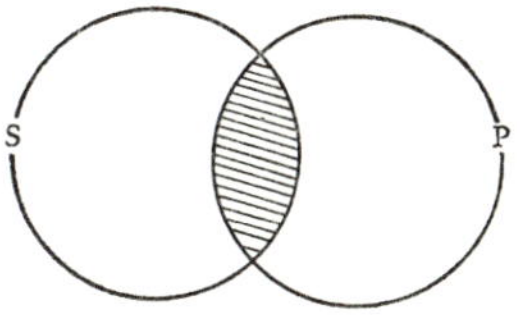

Fig. 3

Als Wortbeispiele dienen:

1. für das e-Urteil und seine Konversion:
   Kein Mensch ist unsterblich – kein Unsterblicher ist ein Mensch;
2. für das i-Urteil und seine Konversion:
   Einige Dreiecke sind rechtwinklig – einige rechtwinklige Figuren sind Dreiecke.

Das Bild des e-Urteils (Fig. 2) zeigt, daß sich die S- und P-Kreise an keinem Punkt schneiden. Sie schließen sich also gegenseitig aus, und diese Ausschließung (Verneinung) ist wechselseitig: Kein S ist P, folglich kein P ist S. Das Bild des i-Urteils (Fig. 3) zeigt demgegenüber eine teilweise Deckung der Umfänge von S und P, die Kreise überschneiden sich. Es gibt also hier drei Gruppen von Elementen (Gegenständen, Dingen): solche, die nur unter S fallen, solche, die nur unter P fallen und solche, die sowohl unter S als auch unter P fallen. Für diese (schraffierten) Elemente gilt das partikuläre Urteil: einige S sind P. Und diese Aussage ist ebenfalls wechselseitig, denn man kann gleichfalls sagen: einige P sind S. Im Grenzfall ist die Deckung von S und P nur durch ein einziges Element bewirkt.

An dieser Stelle sei schon darauf hingewiesen, weil es uns später bei Behandlung der Schlüsse wieder begegnen wird, daß das i-Urteil nicht unbedingt durch das Bild der Fig. 3 dargestellt werden muß, sondern daß es auch durch das Bild der Fig. 1 und 4 veranschaulicht werden kann. Zwar gibt die Fig. 1 an sich das a-Urteil wieder, doch wissen wir durch die Wahrheitsregel für subalterne Urteile, daß, was für alle gilt, auch für einige gilt. Ich muß also, bei Betrachtung der Fig. 1, meine Aussage nicht unbedingt auf alle S beziehen, sondern kann sie auf bestimmte S beschränken und sagen: einige S sind P; d. h. ich „schwäche das Urteil ab".

Wir haben festgestellt, daß e- und i-Urteile einfach konvertiert werden können. Nun liegt die Frage nahe: warum lassen sich die o-Urteile nicht einfach konvertieren? Diese Frage drängt sich vor allem deshalb auf, weil man das o-Urteil oft durch das Bild der Fig. 3 darstellt. Und denkt man etwa an das Beispiel: „Einige Kugeln sind nicht hölzern", so kann man tatsächlich umkehren „Einige hölzerne Gegenstände sind nicht Kugeln". Der Grund, weshalb die Umkehrung in diesem Falle möglich ist, liegt darin, daß gewisse S unter P fallen (nämlich die hölzernen Kugeln), andere aber nicht (z. B. die Stahlkugeln) und daß gewisse P auf S beziehbar sind (die Holzkugeln) andere aber nicht (z. B. Holzklötzchen). Es gibt aber andere Fälle von o-Urteilen, die nicht so gelagert sind wie das vorgenannte Urteil. Wir veranschaulichen uns diese Fälle mittels der Fig. 4. Auch für sie gilt das o-Urteil: einige S sind nicht P; als Wortbeispiel: Einige Menschen sind nicht Mathematiker. Würde man diesen Satz aber einfach umkehren, so bekäme man sicher Ärger mit den Mathematikern: „Einige Mathematiker sind nicht Menschen."

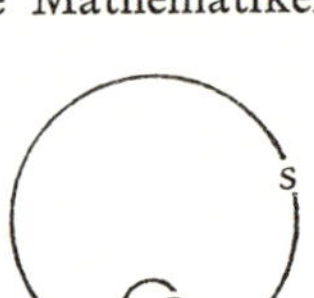

Fig. 4

Weshalb die Umkehrung hier nicht zulässig ist, ergibt sich aus der Fig. 4: Alle P fallen unter S, es gibt also kein P, das nicht S wäre. Da man nun aber bei einem o-Urteil nicht allgemein festgelegt hat, inwieweit die P unter S fallen und inwieweit nicht, darf man das o-Urteil nicht einfach umkehren.

Somit können wir für die conversio simplex folgende zulässige Figuren festlegen:

Wenn SeP, dann PeS; und wenn SiP, dann PiS. Man nennt diese Beziehungen heute auch *symmetrische Relationen.*

Die teilweise Umkehrung. Für die teilweise Umkehrung (conversio per accidens) ist charakteristisch, daß neben der Vertauschung von S und P zugleich die Quantität des Urteils eingeschränkt wird: Alle S sind P (SaP), folglich: einige P sind S (PiS); in Worten: alle Menschen sind Lebewesen, folglich: einige Lebewesen sind Menschen. Man veranschauliche sich diese Umkehrung an Hand der Fig. 1.

Auf diesem Wege kann man alle a-Urteile umkehren. Gewisse a-Urteile, nämlich diejenigen, bei denen S und P gleichen Umfang haben, können sogar vollkommen umgekehrt werden. Die allgemeine Regel aber für a-Urteile ist die teilweise Umkehrung. Selbstverständlich können Urteile, die sich vollkommen umkehren lassen, auch teilweise umgekehrt werden, wie z. B. die e-Urteile: aus der Richtigkeit der Beziehung: wenn SeP, dann PeS folgt auch die Richtigkeit von: wenn SeP, dann PoS, weil der Fall PoS in PeS nach den Regeln der Subalternation mit eingeschlossen ist.

Oft kommt der Fehlschluß vor, daß ein a-Urteil unzulässigerweise vollkommen umgekehrt wird: „Alles Geistige ist unkörperlich, folglich ist alles Unkörperliche etwas Geistiges." Dieser Schluß wäre – wie gezeigt – nur dann richtig, wenn S und P („geistig" und „unkörperlich") denselben Umfang hätten.

In diesem Zusammenhang sei auch andeutungsweise auf das Problem der unzulässigen Existenzeinführung hingewiesen, das durch die Umkehrung der a-Urteile besonders akut wird. Wir betrachten folgendes Beispiel: alle Hexen sind bösartig, folglich: einige bösartige Wesen sind Hexen. Nimmt man diese Umkehrung unkritisch hin, so scheint es, als führe man die Existenz von Hexen ein. Das ist aber nicht der Fall. Das a-Urteil muß sich ja nicht auf konkret existierende Gegenstände beziehen. Gegenstand der Logik sind zunächst die Begriffe. Und die Begriffe wiederum können sich auf wirkliche oder bloß angenommene Gegenstände oder Sachverhalte beziehen. Eine Aussage über deren Existenzweise ist nicht Aufgabe der Logik.

Kontraposition

Die beiden bisher besprochenen Umkehrungsformen für a-, e- und i-Urteile gehen auf Aristoteles zurück. Die jetzt zu besprechende Kontraposition scheint von den Scholastikern des 13. Jahrhunderts zu stammen. J. M. Bochenski zitiert aus den „Summulae Logicales" des Petrus Hispanus († 1277) folgenden Text:

„Die Umkehrung durch Kontraposition besteht darin, aus dem Subjekt das Prädikat zu machen und umgekehrt, wobei Qualität und Quantität die gleichen bleiben, aber die bestimmten (finitis) Termini in unbestimmte (infinitos) verändert werden" (LV 1; 246). Dieses *Unbestimmtmachen* der Termini S und P geschieht durch Beifügen eines „nicht" im Sinne der limitativen Urteile. Während also bei der einfachen Umkehrung S und P ohne jede weitere Änderung vertauscht werden, bei der teilweisen Umkehrung mit der Vertauschung eine Einschränkung der Quantität verbunden ist, tritt bei der Kontraposition zur Vertauschung das Unbestimmtmachen der materiellen Urteilselemente, also der Termini S und P, hinzu.

Wir betrachten die Kontraposition am a-Urteil: „Alle S sind P, folglich: alle Non-P sind Non-S" (SaP, folglich Non-PaNon-S). Man verdeutliche sich diesen Sachverhalt mittels der Fig. 1: alle Elemente, die S sind, sind auch P; das ist das a-Urteil. Kontraponiert heißt es: alle Elemente, die nicht unter P fallen, fallen auch nicht unter S. Es gibt also kein Element x, das nicht unter P fiele, wohl aber unter S. Somit kann man auch sagen: Kein Nicht-P ist S (Non-PeS). Wir erhalten also die folgenden zwei gleichwertigen Beziehungen durch Kontraposition des a-Urteils: SaP, folglich Non-PaNon-S; und SaP, folglich Non-PeS. Das entspricht im übrigen, wie man leicht sieht, den beiden Formen des e-Urteils: Alle S sind Non-P = Kein S ist P (vgl. die Skizze S. 53).

Eine besondere Untersuchung ist noch hinsichtlich des o-Urteils erforderlich, weil es nach manchen Auffassungen der traditionellen Logik kontraponiert werden kann. Wir müssen davon ausgehen, daß es seiner Struktur nach leicht als limitatives i-Urteil aufgefaßt werden kann: „Einige Menschen sind nicht Mathematiker = einige Menschen sind Nichtmathematiker." Als limitatives i-Urteil aber kann das o-Urteil einfach konvertiert werden, wie oben gezeigt wurde, nur ist es eben dann kein o-, sondern ein i-Urteil und bedarf daher keiner weiteren Betrachtung. Nun zeigt aber eine Analyse des kontraponierten o-Urteils, daß dieses auch auf ein i-Urteil führt, denn aus SoP würde durch Kontraposition Non-PoNon-S, das wegen doppelter Verneinung logisch gleichbedeutend ist Non-PiS. In Worten: „Einige Menschen sind nicht Mathematiker" führt durch Kontraposition zu „Einige Nichtmathematiker sind nicht Nicht-Menschen", was gleichbedeutend ist mit „Einige Nichtmathematiker sind Menschen", und das ist die einfache Umkehrung von „Einige Menschen sind Nichtmathematiker". Eine Kontraposition des o-Urteils ist also reduzierbar auf eine einfache Konversion eines i-Urteils und muß daher nicht besonders berücksichtigt werden.

Als *Ergebnis* können wir somit festhalten:

a-Urteile können teilweise umgekehrt und kontraponiert werden,

e- und i-Urteile können vollkommen umgekehrt werden,

o-Urteile können nach Verwandlung in limitative i-Urteile vollkommen umgekehrt werden.

Mit diesen Überlegungen ist das Kapitel der Urteile abgeschlossen. Bevor wir die Urteilsverknüpfungen, also die Schlüsse, untersuchen, wollen wir einen Exkurs einflechten, der Probleme behandelt, die auch in den vorangegangenen Kapiteln schon angeklungen sind:

IV

DIE OBERSTEN LOGISCHEN PRINZIPIEN

Wie schon bei der Besprechung der Modalitäten, so begegnen wir auch hier wieder einer engen Verflechtung von Ontologie und Logik. Oft wurden im Laufe der Philosophiegeschichte – und sicherlich nicht zu Unrecht – die obersten logischen Prinzipien in formalen Seinsprinzipien verankert.

Die ontologischen Formalprinzipien

Wir wollen zunächst fragen: „Was sind oberste formale Seinsprinzipien?" Dabei sollte man wissen, daß die klassische Ontologie neben den formalen auch materiale Seinsprinzipien kennt, die gewissermaßen den Seinsbegriff, den umfangreichsten und insofern inhaltsärmsten Begriff, inhaltlich bereichern sollen. Inwieweit das möglich oder der alten Philosophie gelungen ist, brauchen wir hier nicht zu erörtern. Um materiale Seinsbestimmung kann es an dieser Stelle nicht gehen.

Anders nun die formalen Seinsprinzipien. Durch sie wird der Seinsbegriff inhaltlich nicht bereichert, dagegen sollen sie letzte Grundsätze sein hinsichtlich des allgemeinen Verhaltens von Seiendem zu Seiendem oder zu Nichtseiendem. Zu ihnen gehören das Identitätsprinzip, das Widerspruchsprinzip, der Satz vom ausgeschlossenen Dritten (Tertium non datur) und der Satz vom zureichenden Grunde.

Wir wollen diese Problematik hier nur streifen, nicht auf all das Für und Wider eingehen, dafür wäre einerseits die Ontologie zuständig, andererseits darf man auch nicht verschweigen, daß bedeutende Philosophen der Gegenwart die Berechtigung dieser Fragestellung grundsätzlich bestreiten. Die alte Philosophie jedenfalls war erfüllt von dem Gedanken, mit den Mitteln unserer Vernunft gewissermaßen das Seiende in seinem Wesen, das Sein als solches erfassen zu können. Sie meinte – und darin folgen ihr durchaus namhafte zeitgenössische Denker – unter Einklammerung der Daseinsfrage reine Wesenserkenntnisse von notwendiger, absoluter und zeitloser Wahrheit gewinnen zu können. Die formalen Seinsprinzipien gehören zu ihnen.

Demgegenüber hatten wir oben schon den Einwand geltend gemacht, daß sicher eine „Ordnung" – dieser Begriff ist bereits anthropomorph gefärbt – dem Seienden immanent und daß auch unser Denken eine Darstellung, eine Entfaltungsstufe dieser Ordnung ist. Das heißt aber doch: Entfaltung so, wie unter humanen Bedingungen Seinsordnung sich entfalten kann. Und es scheint mir unkritisch, anzunehmen, daß wir komplexere Ordnungsstrukturen „begreifen" können, als sie in der Komplexität unserer Vernunft enthalten sind, ähnlich wie eine Metasprache an Ausdrücken reicher sein muß als die Objektsprache, wenn man Antinomien in objektsprachlichen Ausdrücken vermeiden will. Wenn wir also „Seinsprinzipien" sagen, so meinen wir Seinszüge, die uns, unter unserem Blickwinkel, aus unserer „Perspektive" als wesentlich, als prinzipiell erscheinen. Deshalb liegt der Schluß nahe, daß eben auch in dem, was wir unter Seinsprinzipien verstehen, unsere Denkprinzipien schon mit enthalten sind.

Nach diesen Vorbemerkungen nun ein paar Worte zu den Prinzipien selbst. Aristoteles hat ein Prinzip gekennzeichnet als ein Erstes, woher etwas ist oder wird oder erkannt wird. In Anlehnung an diese Bestimmung unterscheidet man Wesens-, Wirklichkeits- und logische Prinzipien. Unter einem Wirklichkeitsprinzip würde man also dasjenige verstehen, das ein nur potentiell Seiendes, ein nur Mögliches, Wirklichkeit werden läßt, gemäß dem Grundsatz, daß alles Wirkliche, Tatsächliche, Kontingente durch eine Wirkursache verursacht ist. Man erkennt darin das *Kausalitätsprinzip*, durch das – entgegen dem physikalischen Kausalgesetz – von einer Wirkung auf eine sie bewirkende Ursache geschlossen wird.

Weiter als das nur auf Tatsächliches sich erstreckende Kausalitätsprinzip reicht der *Satz vom zureichenden Grunde*, der auch wesentliche Sachverhalte oder – wie Leibniz († 1716) sagt – Vernunftwahrheiten einbezieht. Dieser Satz wird Leibniz zum Schlüssel, um das verborgene, das metaphysische (den Erscheinungen vorgelagerte) Substrat der Welt aufzuschließen, denn nichts geschieht ohne zureichenden Grund, nichts ereignet sich, ohne daß es einem geistigen Wesen, das die Dinge hinreichend erkennte, möglich wäre, einen Grund anzugeben, warum es so und nicht anders ist. Im Hintergrund steht der Gedanke ewiger Ordnung und Harmonie in der Welt. Ihn aber verfolgte auch schon Aristoteles, als er den *Satz vom Widerspruch* formulierte, den man heute kurz und prägnant so ausspricht: „Sein ist unmöglich Nichtsein" (nach O. Most).

Umstritten ist, ob neben dem Widerspruchsprinzip das *Identitätsprinzip* eine Berechtigung hat. Man hat diesem Prinzip viele Fassungen gegeben, z. B. „Was ist, ist", „Sein ist notwendig Sein", „A = A". Manche Philosophen, wie z. B. Fichte in seiner Wissenschaftslehre, machen es zum Ausgangspunkt ihres Philosophierens, andere sehen in ihm eine bloße Tautologie. Heute wird es beim konstruktivistischen Aufbau der Mathematik – da allerdings unter betont logischem Aspekt – wieder stärker berücksichtigt.

Als ontologisches Prinzip ist der Satz der Identität natürlich unangefochten von seiner *erkenntnistheoretischen* Relevanz. Deshalb wird auch der ontologische Satz vom ausgeschlossenen Dritten („Zwischen Sein und Nichtsein gibt es kein Drittes") nicht berührt von Angriffen, die aus erkenntnistheoretischen Erwägungen – speziell im Zusammenhang mit quantenphysikalischen Experimentalergebnissen – dieses Prinzip ablehnen. Diese Ablehnung nämlich stützt sich auf empirische Sachverhalte und auf ein darauf bezogenes Begriffssystem, das sich der Physiker zwecks Anpassung an diese (empirischen) Vorgegebenheiten geschaffen hat. Sie resultiert somit aus der Schicht der Phänomene, nicht aus dem metaphänomenalen Substrat, das den Gegenstand der ontologischen Aussage bildet.

Weiter wollen wir uns aber nicht den ontologischen Fragen zuwenden. Wir wissen jedoch jetzt, um welche Grundsätze es geht, wenn wir ihnen unter logischem Aspekt wieder begegnen.

Das logische Prinzip der Identität

Identisch sein kann immer nur etwas mit sich selbst. Zwei Gegenstände, Dinge, Sachverhalte können ähnlich, ja können im Grenzfall gleich sein, sie bleiben doch stets zwei „Etwase". Nach Tarski sind x und y dann und nur dann identisch, „wenn x jede Eigenschaft hat, die y hat, und y jede Eigenschaft hat, die x hat" (LV 28; 67) oder „wenn jede Menge, unter deren Elementen eines der Dinge x oder y ist, auch das andere als Element enthält" (LV 28; 83).

Wenn man sich – wie Tarski – im Reich der Mathematik, also idealer Setzungen, bewegt, ist diese Bestimmung höchst exakt, in der vorgegebenen Seinswirklichkeit aber muß man zugeben, daß zwischen äußerer Gleichheit der Merkmale (etwa eineiiger Zwillinge) und innerer (wesentlicher) Identität (= Individualität), doch noch ein Unterschied besteht. Wenn wir in dieser Weise also streng am Identitätsbegriff festhalten – und das tut z. B. auch B. von Freytag-Löringhoff (LV 8; 16f.) – so müssen wir auch Pfänders Erweiterung des Identitätsbegriffs ablehnen, die ihn zu einer sogenannten *partiellen Identität* führt. Hierunter versteht Pfänder z. B. das Verhältnis eines Individuums zu seiner Art oder eines Gegenstandes zu einem seiner wesentlichen Attribute.

Nun sind das natürlich alles im Grunde noch ontologische Erwägungen, und wir müssen fragen: an welcher Stelle wird denn das ontologische Prinzip für die Logik relevant? Zunächst noch nicht dadurch, daß die logischen Gegenstände, z. B. Begriffe, Urteile, auch Seiendes sind, auch unter das ontologische Prinzip fallen. Doch führt von hier aus der Weg direkt hin zum logischen Prinzip. Da Denken nämlich ein Vollzug in der Zeit ist, ein Vorgang von Dauer, ist ein Begriff, als Inhalt des Denkaktes, zumindest für die Zeit des Gedachtwerdens ein Bestehendes, ein Etwas und damit ein mit sich Identisches. Diese Tatsache, daß der Begriff, den ich denke, und er kann auch auf mein eigenes Ich zielen, im Gedachtwerden ein Identisches ist, wird logisch prinzipiell, da sie mit Notwendigkeit ein Anderssein oder Nichtsein, etwa ein Nicht-Ich, ausschließt. Es ist im Grunde die

Descartessche Selbstgewißheit des „ich bin", die hierin enthalten ist, und die letztlich zur Basis aller Gewißheit, damit aber auch zum Ausgangspunkt weiterer logischer Urteile wird.

Kleiden wir nämlich die Selbstidentität in eine Formel (Gleichung), wie es u. a. Fichte getan hat, so spalten wir zwar einen Sachverhalt, der eine Einheit ist, auf in eine Zweiheit. Aber wir schaffen damit auch die *logische Voraussetzung* für weitere Überlegungen, für Vergleiche etwa. In dieser Aufspaltung bietet sich ja die Möglichkeit an, das „A = A" nicht mehr als Identität, sondern als Gleichheit zu verstehen und dann das eine A durch ein anderes A oder ein Nicht-A oder ein teils-A zu ersetzen. Es bietet sich ferner die Möglichkeit, die beiden Seiten des Gleichheitszeichens durch Urteile zu ersetzen und Regeln darüber aufzustellen, wann solche Urteile äquivalent, d.h. übereinstimmend wahr oder unwahr sind. Ja man findet so zu dem allgemeineren Grundsatz, der hinreichend ist für Urteilswahrheit und der dann gegeben ist, wenn ein Urteil auf die Form „A = A" reduzierbar ist.

Damit dürften die logischen Aspekte des Satzes der Identität aufgewiesen sein. Er wird ergänzt durch:

Das logische Prinzip vom Widerspruch

B. von Freytag-Löringhoff sagt mit Recht: „So wichtig Identität ... am Anfang der Logik ist, bleibt sie doch für sich allein steril. Sie wird fruchtbar erst im Zusammenspiel mit ihrem Negat, der Nichtidentität" (LV 8; 17). Wir sagten oben: ein Sachverhalt, der in sich identisch ist, schließt ein Anderssein notwendig von sich aus, das A schließt das Non-A von sich aus, Identität und Diversität (ein Ausdruck v. Freytag-Löringhoffs) schließen sich gegenseitig aus. Damit aber begründen wir den logischen Satz vom Widerspruch in der Identität eines Gegenstandes (im weitesten Sinne) mit sich selbst, also in einer *ontologischen Wirklichkeit*. Mit Recht führt daher auch Pfänder den Satz zurück auf ontische Sachverhalte. Denn welche Antwort ist wohl auf die Frage „Warum können widersprechende Urteile nicht beide wahr sein?" berechtigter als die: gehe zurück auf die Sachen, blicke auf den von den Urteilen intendierten Gegenstand! Nicht daß es uns *psychologisch* unmöglich wäre, logisch Widersprüchliches für wahr zu halten (man denke an den umstrittenen und in seiner Entstehung ungeklärten Satz: Credo quia absurdum – ich glaube es, weil es unvernünftig ist), nicht, daß wir nur durch induktives Schließen zur Gewißheit der Allgemeingültigkeit dieses Satzes kämen (Induktion kann immer nur Wahrscheinlichkeit vermitteln), allein der Rückgriff auf die Sachen und die Tatsache der Selbstidentität des Seienden vermag ihm letzten Halt zu geben.

In seiner allgemeinsten Form bezieht sich der Satz vom Widerspruch auf kontradiktorisch entgegengesetzte Urteile und sagt etwas aus über deren Wahrheit. Er trifft keine Entscheidung darüber, welches von zwei sich widersprechenden Urteilen wahr ist und welches nicht. Er schließt nur das gleichzeitige Bestehen der Wahrheit beider Urteile wechselseitig aus. Einwände gegen die Allgemeingültigkeit dieses Satzes, die gelegentlich vorgebracht wurden, haben sich durchweg als Irrtümer erwiesen. So ist es natürlich klar, daß ich hinsichtlich einer Blume, die teils rot, teils gelb ist, unter bestimmtem Aspekt zu dem Urteil „diese Blume ist rot", unter anderem zu dem Urteil „diese Blume ist gelb" kommen kann. Auch kann ich in bezug auf Gegenstände, die sich in der Zeit ändern, zu verschiedenen Zeitpunkten einander relativ widersprechende Aussagen machen. Aber das sind – wie man leicht sieht – alles keine Argumente gegen die Gültigkeit des Satzes vom Widerspruch.

Ähnliches gilt für partikuläre Aussagen („einige Menschen sind weiß" – „einige Menschen sind schwarz"), für Urteile, die sich nur auf ein durchschnittliches Merkmal beziehen, also statistischen Charakter haben („die Frau ist körperlich schwächer als der Mann") und für Urteile, deren Prädikat ein äquivokes Wort ist, wenn es unterschiedlich supponiert wird („die Rose ist eine Blume" – „die Rose ist eine Krankheit").

Jedenfalls kann man allgemein feststellen, daß immer, wo durch Beispiele die Ungültigkeit des Satzes erwiesen werden soll, eine genauere Untersuchung zeigt, daß die Aussagen aneinander vorbeigehen, nicht *dasselbe unter derselben Rücksicht* meinen. Denn die schon von Aristoteles aufgestellte Formulierung des Widerspruchsprinzips sagt: „Es ist unmöglich, daß dasselbe (d. h. dieselbe Bestimmung) demselben (Seienden) unter derselben Rücksicht zugleich zukomme und nicht zukomme" (Metaphysik 4,3; 1005 b).

Nun muß der Widerspruch natürlich nicht unbedingt in *zwei* sprachlich ausdrücklich formulierten Urteilen stecken, er kann auch einem einzelnen Urteil innewohnen, indem dieses Urteil in bezug auf einen Urteilsgegenstand S in derselben Hinsicht die Prädikate P und non-P aussagt. Non-P ist dabei als limitativer Begriff unendlich bestimmungsfähig, ausgenommen P. Alles, was nicht P ist, ist – positiv gewendet – non-P. Treffen also in einem Urteil in derselben Hinsicht P und non-P aufeinander, so haben wir – gestützt auf den Satz vom Widerspruch – ein Kriterium der Urteilsfalschheit, so wie wir beim Auftreten der Beziehung „A = A" – gestützt auf das Identitätsprinzip – ein Kriterium der Urteilswahrheit gefunden haben.

Der Widerspruch in einem Urteil kann einmal dadurch gegeben sein, daß behauptet wird, es gebe ein Element x, für das gelte P und non-P. Das aber ist als kopulatives Urteil natürlich auch nichts anderes als die Vereinigung *zweier* Urteile. Der Widerspruch kann aber einem Urteil noch insofern immanent sein, als der Prädikatbegriff in Widerspruch tritt zu Wesensmerkmalen des Subjektbegriffs, z. B.: „Diese Kugel ist nicht rund", „Der Körper hat keine Ausdehnung", „Das Flachland ist gebirgig".

„Der Satz des Widerspruches", sagt v. Freytag-Löringhoff, ist in Wahrheit der Satz der Widerspruchslosigkeit. Er besagt, daß ein Positivum nicht sein Negativum sein kann. Die Eindeutigkeit des Seienden, des realen wie des nur gemeinten, erfordert das. Das sich Widersprechende ist daher zwar als Begriff und als Urteilsmeinung möglich, aber nicht als Sachverhalt, nicht in einem logischen Felde. Hier wird der Freiheit des Meinens von der Logik die erste fühlbare Schranke gesetzt" (LV 8; 18 f.).

Denkordnung und Seinsordnung

Die Freiheit des Meinens wird von der Logik begrenzt, d. h. die Logik entscheidet darüber, was man sinnvoller Weise meinen, annehmen, für wahr halten darf. Und nur Widerspruchsfreies hat Zugang zur Wahrheit, die in diesem Sinne Widerspruchsfreiheit an den Dingen selbst ist. Die Frage, die sich hierbei aber sofort stellt, lautet: Ist diese Widerspruchsfreiheit an den Dingen, ist diese „ontologische Wahrheit" denn für uns mit hinreichender Angemessenheit und Sicherheit erkennbar? Das ist doch die immer wieder im Raum stehende große Frage. Woher nehmen wir die Gewißheit, daß wir mit dem, was wir rationalisiert, uns logisch-begrifflich assimiliert haben, der Wirklichkeit nahe sind? Sicher paßt sich die Wissenschaft mit jedem wirklichen Fortschritt der Wirklichkeit mehr an, aber wie weit ist sie noch entfernt, und wird eine wirklich adäquate Anpassung überhaupt je möglich sein? Ist nicht jede Erkenntnis bereits Übersetzung in andere Bereiche und damit Verzerrung? In der Quantenphysik z. B. diskutiert man das Problem letzter physikalischer Einheiten. Aber wer wollte wohl ausschließen, daß nicht „dahinter" doch wieder Vielheiten verborgen sind. Das ist keine Ketzerei gegen die Wissenschaft, das soll nur zu bedenken geben, daß derartige Fakten, zusammen mit dem Bestehen logischer Antinomien, mit den Irrationalitäten menschlicher Existenz usw., daß alle diese Fakten immer wieder den Zweifel wachrufen: ist Wahrheit – wie wir sie finden können – nicht im Grunde nur „Wahrheit für uns", „Wahrheit für den Menschen"?

So wie allein mit dem Wissen um die Gesetze des Anorganischen, den Gesetzen der Schwere, des Druckes, der elektrischen und magnetischen Erscheinungen, ein adäquates Verständnis der Lebensphänomene nicht zu gewinnen ist, weil hier neue, übergreifende Relationen auftauchen, und wie von der Stufe des Instinkts kein volles Verständnis zu gewinnen ist für die auf Wertvorstellungen beruhenden Willensentscheidungen des Menschen, weil eben das jeweils Kompliziertere und Komplexere im weniger Organisierten nicht voll aufgeht und damit von ihm auch nicht voll be- und ergründet werden kann, so scheint mir auch kein Schluß gerechtfertigt zu sein von der Stufe des Menschen, von den Gesetzen menschlichen Denkens auf die Seinsordnung schlechthin.

Wenn es zweidimensionale Wesen gäbe, so würden sie versuchen, alle Wirklichkeit auf ihre zweidimensionale Vorstellungs- und Begriffswelt zu reduzieren. Sie müßten scheitern. Wir scheitern bei dem Versuch, das in uns aufbrechende, im Grunde aber einem unterbewußten Lebensstrom verhaftete Erleben zu rationalisieren. Wie viele Versuche wurden doch unternommen, unsere Wertvorstellungen und die auf sie gerichteten Willensentscheidungen streng zu rationalisieren. Man denke etwa an Max Scheler († 1928), der einen Wert umso höher setzt, je dauerhafter er ist und je größer die Tiefe der Befriedigung ist, die er zu geben vermag. Das sind sicher lobenswerte rationale Kriterien, nur stimmen sie leider nicht immer und sind damit nicht allgemeingültig. Denn in einer konkreten existenziellen Situation kann einem Menschen eben auch der kurzlebigste Wert zum höchsten werden und alle anderen verdrängen, wenn er ihn mit den unberechenbaren Kräften seines vitalen Grundes, d. h. aus seiner Seinsunmittelbarkeit heraus, begehrt, auch wenn oder gerade weil diese Entscheidung jenseits aller rationalen Begründbarkeit bleibt. Dieses Faktum kann eine Logik nicht übersehen, ja, es können auch nicht die auf Logik begründete Erkenntnislehre und eine auf logischen Prinzipien errichtete Gesellschaftsordnung daran vorbeigehen.

Das logische Prinzip vom ausgeschlossenen Dritten

Da ein Sachverhalt entweder in seiner Identität besteht oder nicht besteht, ein Etwas entweder A oder non-A ist, kann gegenstandstheoretisch betrachtet der Sachverhalt nur sein oder nicht sein, ein Drittes ist unmöglich. Und das ist der Sinn des Satzes vom ausgeschlossenen Dritten. Wie schon der Satz vom Widerspruch, so bezieht auch er sich zunächst auf zwei Urteile, die einander kontradiktorisch entgegengesetzt sind. Nun legt aber der Satz vom Widerspruch fest: solche Urteile können nicht gleichzeitig *wahr* sein. Der Satz vom ausgeschlossenen Dritten ergänzt: und sie können nicht gleichzeitig *falsch* sein. Man vergleiche hierzu unsere oben angestellten Betrachtungen hinsichtlich der vollständigen Disjunktion: disjunktive Urteile können nicht zugleich wahr und nicht zugleich falsch sein – die gemeinsame Aussage des Satzes vom Widerspruch und des Satzes vom ausgeschlossenen Dritten.

Wie der Satz vom Widerspruch, so läßt auch der vom ausgeschlossenen Dritten die Entscheidung darüber offen, welches der beiden Urteile wahr ist. Nur daß beide falsch sein können, daß also ein dritter Sachverhalt erfüllt ist, das wird ausgeschlossen. Voraussetzung ist natürlich, daß die Urteile eine *echte Disjunktion* bilden, die im allgemeinen nur bei kontradiktorischen Urteilen gegeben ist. Konträre Urteile, wie z. B. „A ist gut – A ist schlecht", lassen Zwischenstufen zu und können deshalb beide falsch sein. Gegen diese Regel wird in der Alltagssprache oft verstoßen. Ebenso ist es mit süß-sauer, groß-klein, glücklich-unglücklich, schön-häßlich usw.

Nun muß man bedenken, daß die Gültigkeit des Satzes vom ausgeschlossenen Dritten (Tertium non datur) steht und fällt mit der *Zweiwertigkeit* unserer Logik, die ja – wie oben gezeigt – wiederum gründet in der ontologischen Zweiwertigkeit: Sein oder Nichtsein, A oder Non-A, Identität oder Diversität. Gegen die durchgängige Gültigkeit solcher Zweiwertigkeit wurden immer wieder Bedenken geäußert. Aus der Überlegung, daß Sein Einheit sei und nur der das Seiende denkende Verstand der Ort der Gegensätze, gelangte schon im 15. Jahrhundert Nikolaus von Cues zu der These der *coincidentia oppositorum*, des Sich-Aufhebens der Gegensätze im Unendlichen. Mathematisch gewendet finden wir zu Beginn unseres Jahrhunderts in der schon erwähnten *intuitiven Mathematik* den Gedanken, daß das „Tertium non datur" auf unendliche Mengen nicht anwendbar sei. Auch Gotthard Günther fordert eine radikale Durchbrechung der ontologischen und damit auch logischen Konzeptionen, die voraussetzen, daß sich die uns vorgegebene Wirklichkeit ohne Rest in Objekt und Subjekt, in Gedachtes und Denken aufspalten lasse. In dem von der Kybernetik gelieferten Begriff der *Information* sieht Günther die dritte Komponente. Information bzw. der ihr zugeordnete Reflexionsprozeß sei weder reine Subjektivität (Spiritualität) noch reine Objektivität (Materialität), sondern eine „arteigene Transzendenz". Wenn aber die Wirklichkeit in diesem Sinne dreiwertig ist, muß dann nicht ein sie begreifendes Bewußtsein auch dreiwertig operieren? (LV 9; 22 ff.) Man überlege sich einmal folgende Möglichkeiten:

positiv-negativ-neutral
rechts-links-umfassend
ich-du-wir
Gegenstand-Gedanke-Denken
Sein-Nichtsein-Indifferenz
wahr-falsch-unentscheidbar.

Schließlich bestehen Überlegungen, mit den Mitteln einer dreiwertigen Logik gewisse Schwierigkeiten zu überwinden, die auf experimentellen Ergebnissen der Mikrophysik beruhen. Hier sind vor allem die Mathematiker und Physiker G. Birkhoff, J. von Neumann, H. Reichenbach und C. F. von Weizsäcker zu nennen. „Reichenbach nimmt an, daß das Buch der Quantenerscheinungen in der Sprache der dreiwertigen Logik geschrieben ist. Von der Wahrheit und Falschheit der Aussagen kann man nur dann sprechen, wenn man ihre Überprüfung durchführen kann. Ist dies nicht möglich, so sind die Aussagen weder wahr noch falsch. Sie müssen in diesem Fall mit einem dritten Wahrheitswert: sagen wir ‚unbestimmt', bewertet werden" (A. A. Sinowjew: LV 23; 104). C. F. von Weizsäcker bezieht den Wahrheitswert auf die *Wahrscheinlichkeit* dafür, daß eine Aussage wahr ist. So bedeutet der Wahrheitswert O: die Aussage ist falsch, der Wahrheitswert 1: die Aussage ist wahr. Dazwischen aber sind alle Wahrscheinlichkeitsgrade möglich. Dennoch sei es nicht die Absicht der Quantenlogiker, die zweiwertige Logik zu beseitigen. Sie behalte ihre Gültigkeit, sagt v. Weizsäcker, im „Bereich mittlerer Dimensionen", ja, sie stelle gewissermaßen ein *Apriori* (das ist hier eine Art Denkvoraussetzung) zur Quantenlogik dar, wie ja auch die klassische Physik ein Apriori zur Quantenphysik sei (LV 29).

Das logische Prinzip vom zureichenden Grunde

Die Wurzeln des Satzes vom Grunde („Alles hat seinen zureichenden Grund") kann man zurückverfolgen bis zur Aristotelischen *Ursachenlehre.* Aristoteles kannte vier Ursachen: die causa materialis, die causa formalis, die causa efficiens (lat. efficere = bewirken) und die causa finalis (lat. finis = Ziel, Zweck). Denken wir etwa an den Bau eines Hauses, so sind die Baumaterialien, aus denen das Haus geschaffen wird, die Materialursache. Die Formursache wäre die Idee des Architekten, die ihm zunächst vorschwebt, die er dann auf dem Papier entwirft und abrundet und die im Bau schließlich nach und nach feste Gestalt (Form) annehmen soll. Die bewirkende Ursache ist der Bauunternehmer mit seinen Arbeitern, die Zweckursache endlich der letzte Grund, weshalb das Haus überhaupt gebaut wird, also z. B. um jemandem zum Wohnen zu dienen. Diese vier Ursachen, die aus dem Bereich menschlicher Erfahrung stammen, übertrug Aristoteles auf alles natürliche Geschehen, reduzierte dabei manche Ursachen aufeinander und behielt schließlich als wesentliche Seinsprinzipien Materie und Form übrig. Die Materie ist eine Möglichkeit, die, insofern ihr eine Form eingeprägt wird, zu etwas Wirklichem geformt wird. Und so bestehe in der ganzen Natur der Zwang (appetitus), von der bloßen Möglichkeit in eine nach Sinn und Zweck vollendete Wirklichkeit (Entelechie) überzugehen, wie ja überhaupt die ganze Natur Kosmos, d. h. Ordnung ist.

Wenn auch der Gedanke einer ordnenden Weltvernunft älter ist als die Lehre des Aristoteles, so findet er doch bei ihm seine erste systematische Deutung. Und ein ganz ähnlicher Gedanke, wir nennen ihn das teleologische (griech. telos = Ziel, Zweck) Prinzip, das Zweckprinzip, leitet auch G. W. Leibniz beim Ausbau seines Gedankens der *prästabilierten* (vorher festgesetzten) *Harmonie.* Das All ist für ihn aufgebaut aus einer unermeßlichen Anzahl letzter Elemente, *Monaden,* die nicht toter Stoff sind, sondern geballte Energie, Wirkeinheiten, ausgestattet mit der seelischen Kraft, das ganze Universum mehr oder weniger deutlich bzw. verworren widerzuspiegeln und einen aktiven

Beitrag zu ihm zu leisten. Dieser Beitrag aber ist kein zufälliger, sondern ein notwendiger. Er ist von Gott in der von ihm gesetzten (prästabilierten) Ordnung bereits vorgesehen. Von daher kann es natürlich auch nichts Grundloses geben, alles hat seinen zureichenden Grund, auch wenn wir ihn nicht immer hinreichend erkennen können.

Fast genau 100 Jahre nachdem Leibniz seine „Monadologie" niedergeschrieben hatte, griff der junge Schopenhauer in seiner Dissertation von 1813 das Problem des Grundes wieder auf. Da der Satz vom Grunde das Prinzip aller Erklärung ist, sagt Schopenhauer, ist er selbst keiner Erklärung fähig. Vielmehr setzt jede Erklärung, jeder Beweis die Gültigkeit dieses Satzes schon voraus. Und hier wird nun schon neben dem ontologischen auch der logische Charakter des Satzes sichtbar. Der *zureichende Grund* gilt eben nicht nur und ist nicht nur notwendig für das Sein, Geschehen und Handeln, sondern auch für das Erkennen und für die Wahrheit des Urteilens. Will man den Satz daher in seinem logisch-theoretischen Sinn darlegen, so muß man zeigen, daß er sich – wie Pfänder sagt –

1. auf rein logische Gegenstände beziehen,
2. über diese Gegenstände etwas rein Logisches behaupten und
3. seine Behauptung auf das spezifisch logische Wesen seiner Subjektgegenstände stützen kann.

Das Logische, auf das sich der Satz vom zureichenden Grunde beziehen kann, sind die Urteile, und wenn man es genauer betrachtet: der Wahrheitsgrund der Urteile. In diesem Sinne ist der Satz gemeint: „Jedes Urteil bedarf, um wahr zu sein, eines zureichenden Grundes". Wohl gemerkt, es kommt nicht darauf an, ob das *Fällen* des Urteils einen zureichenden Grund hat, also ob z. B. die zum Urteilen erforderliche Einsicht in einen Sachverhalt wirklich vorliegt. Entscheidend kommt es aber darauf an, daß der mit dem Urteil verbundene Wahrheitsanspruch einen zureichenden Grund hat, und dieser liegt dann vor, wenn der vom Urteil intendierte Sachverhalt so besteht, wie er im Urteil ausgesagt wird. D. h.: der logisch zureichende Grund eines Urteils resultiert aus dem Bestehen eines ontischen Sachverhaltes, das Bestehen logischer Urteilswahrheit bedarf eines zureichenden Grundes im Ontischen. Wahrheiten hängen nicht in der Luft, sondern Wahrheiten gründen in Sachverhalten, womit nicht gesagt sein soll, daß es *reale* Sachverhalte sein müssen. Den Sachverhalt z. B., in dem die Wahrheit des Urteils „Wenn a = b und b = c, dann ist a = c" gründet, kann man nicht real nennen, er ist etwas Ideales, etwas, das – wie alles mathematisch Gegenständliche – vom Menschen als ideale Wirklichkeit logisch-konstruktiv gesetzt wurde. Diese Auffassung ist zwar nicht unbestritten, wir können uns aber hier nicht weiter damit auseinandersetzen (vgl. auch W. Strombach: Natur und Ordnung, LV 27; 29 ff.). Auf jeden Fall ist es nicht widersinnig, daß auch ein ideal gesetzter Sachverhalt in seiner Einstimmigkeit zureichender Grund für Urteile über ihn und Schlüsse aus ihm sein kann.

Und auch der Satz vom zureichenden Grunde selbst hat seinen zureichenden Grund in einem Sachverhalt, denn auch er ist ja ein Urteil. Dieser Sachverhalt ist die nicht weiter begründbare, ableitbare, beweisbare, sondern einfach evidente Tatsache, daß Erkennen und Urteilen Anpassung an die Seinswirklichkeit bedeutet und daß eine Urteilswahrheit dann gegeben ist, wenn diese Anpassung in höchstmöglicher Weise vollzogen ist. So kann Pfänder mit Recht sagen: Alle Urteile „überlassen es unbedingt den Gegenständen, ihnen den Ausweis ihrer Berechtigung, die zureichende Grundlage ihrer Wahrheit zu geben. Es liegt im Wesen der Urteile, ihre ganze Legitimität von ihren Objekten her zu beziehen. Sie bedürfen wie Papiergeld notwendig der hinreichenden Deckung durch die Sachen" (LV 20; 233).

Schopenhauer hat – wie oben gezeigt – den Satz vom zureichenden Grunde auf die Erkenntnis bezogen. Nehmen wir diese Beziehung genau, so müssen wir wenigstens andeuten, daß sie noch mehr umfaßt als das, was bisher im Zusammenhang mit dem Wahrheitsgrund der Urteile erörtert wurde. Wenigstens zwei Fragen sind in diesem Zusammenhang noch zu beantworten:

1. Was ist der zureichende Grund für die *Erkennbarkeit* eines Sachverhaltes? Diese Frage ist ontologischer Natur und erfordert eine Betrachtung über Adäquationsmöglichkeiten zwischen Erkennendem und zu Erkennendem.

2. Was ist der zureichende Grund für die *Gewißheit* einer Erkenntnis? Diese Frage ist erkenntnistheoretischer Natur und deshalb besonders wichtig, weil ja eine Erkenntnis erst sinnvoll und damit im Grunde Erkenntnis wird, wenn sie Gewißheit oder zumindest in ihrem Gewißheitsgrad bestimmbar ist. Also zielt die Frage ab auf Gewißheitskriterien.

Es muß hier genügen, diese ontologische und erkenntnistheoretische Problematik aufgewiesen zu haben. Weitere Erörterungen hierüber würden von unserer logischen Fragestellung zu weit wegführen. Statt dessen wollen wir knapp zusammenfassen, was hinsichtlich der obersten logischen Prinzipien festgehalten werden sollte:

Zusammenfassung

1. Ein Urteil ist wahr, wenn sein Bedeutungsgehalt übereinstimmt mit dem Bestehen oder Nichtbestehen des von ihm intendierten realen oder idealen Sachverhaltes in der Seinsordnung. Diese Übereinstimmung ist zureichender Grund für die Urteilswahrheit.
2. Da ein Sachverhalt, insofern er Gegenstand meines Denkens ist, ein Etwas, ein zumindest für die Dauer des Gedachtwerdens Bestehendes ist, ist er auch insoweit etwas in sich Identisches. Von da aus gewinne ich den zureichenden Grund für mein logisch wahres Urteil A = A, das seinerseits Basis weiterer logischer Setzungen sein kann. Insbesondere sind Urteile, die sich auf die Form „A = A" reduzieren lassen, sicher wahr.
3. Da ein Sachverhalt, der in sich identisch ist, nicht zugleich ein anderer sein kann, denn sonst wäre er nicht in sich identisch, gewinne ich den zureichenden Grund für mein logisch wahres Urteil: A und non-A können nicht gleichzeitig und in bezug auf denselben Sachverhalt bestehen. Urteile, die sich auf die Form A = non-A reduzieren lassen, sind sicher falsch.
4. Da ein Sachverhalt entweder in seiner Identität verharrt, identisch ist, oder nicht verharrt, ein anderer (diverser) ist, kann er gegenstandstheoretisch nur entweder sein oder nicht

sein. Von hier aus gewinne ich den zureichenden Grund für mein auf dem Boden zweiwertiger Logik notwendig wahres Urteil: Zwischen A und non-A gibt es kein Drittes.

Haben die voraufgegangenen Überlegungen aber nun nicht gezeigt, daß wir – entgegen allen früheren Behauptungen – mit diesen logischen Prinzipien die Seinsprinzipien, von denen doch so oft die Rede war, selbst und unmittelbar erkannt haben? Das, so meine ich, wäre ein Fehlschluß. Und zwar aus folgenden Gründen: Wir sprechen zwar bei der Ableitung der Prinzipien stets von Sachverhalten, in denen sie gründen. Aber was wissen wir tatsächlich von diesen Sachverhalten? Doch nur das, was wir – wenn es sich um vorgegebene Sachverhalte handelt – an ihnen beobachtet haben. Beobachten aber können wir nur Phänomene, Erscheinungen, den Sachverhalt als *Gegenstand unserer Erkenntnis*. Und wir erkennen so, wie wir erkennen können, das heißt aber auch: wie wir denken können. Unsere Denkstrukturen sind unausweichlich – wie eine Konstante unseres Geistes (Wittenberg, LV 32; 301) – aller Erkenntnis immanent. Und ist der Sachverhalt von uns gesetzt, so gilt das evidenter Weise umso mehr.

Daher kommen wir wieder zu dem Ergebnis, daß auch in der *Ontologie*, die wir mit den Mitteln unseres Verstandes in einer Art von Sekundärsachverhalten (ein Ausdruck des Wiener Philosophen B. Thum) entwerfen, gewissermaßen rational aufspannen, und in der wir dann den zureichenden Grund unserer Verstandesprinzipien suchen, diese logischen Elemente längst enthalten sind. Wenn der Physiker W. Heisenberg sagt, daß der Mensch in der Naturwissenschaft sich selbst wiederfinde, so gilt dieser Satz sinngemäß auch für diese Ontologie der Sekundärsachverhalte, ja für jede Leistung menschlichen Denkens. Darum erscheint die Folgerung zwingend, daß wir zwar oberste logische Prinzipien haben und daß diese Prinzipien ihren zureichenden Grund in Sachverhalten haben, daß es aber „Sachverhalte für uns“ sind, Seinsverhalte als Phänomen, nicht Seiendes an sich.

V

DIE SCHLÜSSE

Schlüsse, so sagten wir schon, sind Gedankengefüge, die aus mehreren, zumindest zwei Urteilen, zwischen denen eine Grund-Folge-Beziehung besteht, aufgebaut sind. Man nennt das Urteil, das erschlossen (gefolgert) wird, die Conclusio (Schlußsatz), die Vordersätze Prämissen. Bei den unmittelbaren (direkten) Schlüssen gibt es nur *eine* Prämisse, aus der die Folgerung ohne weitere Zwischenglieder unmittelbar gezogen wird. Bei den mittelbaren Schlüssen wird noch mindestens ein *Zwischensatz* eingeschoben, und erst aus beiden Prämissen ist eine Conclusio möglich. Wir wollen insbesondere bei allen weiteren Überlegungen auch sprachlich genau zwischen Schluß und Schlußsatz unterscheiden und deshalb festhalten: der Schlußsatz (Conclusio) ist die Folgerung aus Prämissen, der Schluß ist das gesamte Gedankengefüge, das Prämissen und Conclusio umfaßt.

Bei den mittelbaren Schlüssen ist also eine feste logische Ordnung einzuhalten, wie folgendes Beispiel zeigt:

Ein Studium der Logik schärft kritisches Denken
Christiane treibt ein Studium der Logik
―――――――――――――――――――――――――
Christiane schärft ihr kritisches Denken.

Wir erkennen hieran auch die übliche Form der Darstellung des mittelbaren Schlusses: beide Prämissen werden untereinander gesetzt, dann folgt ein Strich, der symbolisch ein Wort wie „folglich", „also", „demnach" usw. ersetzt, und dann die Conclusio.

Folgerichtigkeit (consequentia) und Wahrheit

Da der Schluß ein komplizierteres Gedankengebilde ist als das Urteil, ist auch sein Wahrheitsanspruch komplizierter, genauer gesagt: *zweifach.* Einmal nämlich erhebt jedes im Schluß enthaltene Urteil seinen Anspruch auf *Wahrheit,* insofern unterscheidet es sich nicht von einem isoliert gesetzten Urteil. Zum anderen aber erhebt der Schluß als gedankliche Einheit den Anspruch auf *Folgerichtigkeit.* D. h.: bei richtiger consequentia muß der Schlußsatz nach den Gesetzen unseres Denkens notwendig aus der Prämisse oder aus den Prämissen folgen. Der Schlußsatz ist eine bloße *Deduktion* und ist *potentiell* (als Möglichkeit) in den Vordersätzen schon enthalten. Sicher ist die Einsicht, die er aussagt, durch die Vordersätze noch nicht explizit ausgesprochen worden, sie ist ihnen aber immanent, sobald man sie – wie im mittelbaren Schluß – konjunktiv verbindet. Die Verbindung allerdings ist ein zusätzlicher logischer Akt, der eben eine neue Einsicht aktuiert. Wir wollen uns das an einem Beispiel verdeutlichen: Angenommen, wir haben folgende zwei Urteile:

1. Alle gehobenen Berufe erfordern einen Bildungsnachweis
2. Politiker brauchen keinen Bildungsnachweis.

Lassen wir diese beiden Urteile unverbunden stehen, so sagen sie nichts außer dem, was jedes Urteil für sich ausspricht. Verbinden wir sie aber *konjunktiv,* so kristallisiert sich ein neuer Satz heraus, eine Conclusio: „Politiker" ist kein gehobener Beruf. Dieser Schlußsatz steckt potentiell in den Vordersätzen drin, er muß nur logisch herausgehoben werden.

Zwischen Folgerichtigkeit des Schlusses und Wahrheit der im Schluß enthaltenen Urteile sollten wir genau – auch sprachlich – unterscheiden. Die Untersuchung der Wahrheit der einzelnen Urteile, speziell der Vordersätze, ist primär eine erkenntnistheoretische Angelegenheit, die Untersuchung der Folgerichtigkeit des Ganzen, eine logische. Rein äußerlich haben beide nichts miteinander zu tun. Ein Schluß kann trotz falscher Urteile folgerichtig kein, umgekehrt kann sich aber auch trotz falschem Schließen eine wahre Conclusio ergeben. Wir wollen uns auch hierzu wieder einige Beispiele ansehen.

a) Der folgende Schluß ist richtig, obwohl seine Urteile falsch sind:

Alle Preußen sind Berliner
Alle Berliner sind bescheiden
Alle Preußen sind bescheiden.

In diesem Beispiel sind alle Urteile falsch, nur der Schluß ist richtig. Es kann natürlich auch sein, daß bei Folgerichtigkeit des Schlusses nur eine oder beide Prämissen falsch sind, der Schlußsatz aber wahr ist:

Alle Chinesen waren große Philosophen
Kant war ein Chinese
Kant war ein großer Philosoph.

Unmöglich dagegen ist der Fall, daß bei wahren Prämissen und richtiger consequentia der Schlußsatz falsch wird. Während in dem Beispiel „Kant war ein großer Philosoph" die Wahrheit dieses Satzes sich zufällig ergibt, ist sie bei wahren Prämissen und richtiger consequentia notwendig. Wir können damit auch sagen: Ein zureichend begründeter Wahrheitsanspruch eines Schlusses setzt voraus 1) die Wahrheit aller in ihm enthaltenen Urteile und 2) die Folgerichtigkeit im Schluß.

b) Der folgende Schluß ist falsch, obwohl seine Urteile wahr sind:

Alle Deutschen sind Europäer
Alle Japaner sind Asiaten
Kein Deutscher ist ein Japaner.

Worin der Fehler dieses Schlusses liegt, werden wir später sehen. Auf jeden Fall sind die Einzelurteile wahr, wobei bei fehlender consequentia es natürlich auch vorkommen kann, daß nur die Prämissen wahr sind, der Schlußsatz falsch ist oder umgekehrt, oder daß schließlich nur eine Prämisse wahr ist, alles andere falsch und umgekehrt.

Wenn wir also sagen „Der Schluß ist falsch", so meinen wir, daß er nicht folgerichtig ist, was aber nicht ausschließt, daß er trotzdem zu wahrer Conclusio geführt haben kann. Sagen wir „Der Schlußsatz ist falsch", so ist über die Folgerichtigkeit des Schlusses nichts gesagt, weil die Falschheit des Schlußsatzes auch bei richtiger consequentia aus falschen Prämissen folgen kann. Sagen wir aber „Der Schluß ist richtig", so ist wiederum nichts gesagt über die Wahrheit oder Falschheit des Schlußsatzes, und sagen wir schließlich „Der Schlußsatz ist wahr", so ist nichts über die Folgerichtigkeit des Schlusses gesagt, weil ja die Wahrheit des Schlußsatzes Zufall sein kann. Also sind Wahrheit und Folgerichtigkeit zu trennen.

Es ist daher ein logischer Fehler, wenn aus mangelnder Folgerichtigkeit eines Schlusses auf die Falschheit des Schlußsatzes geschlossen wird, wie folgendes Beispiel zeigt:

Seit Anselm von Canterbury (11. Jahrhundert) kennt man einen Gottesbeweis, der von Kant „ontologischer Gottesbeweis" genannt wurde. Anselm ging davon aus, daß zum Begriff eines höchsten und vollkommensten Wesens, den wir sicher haben, auch die Existenz gehöre, denn sonst wäre die Vollkommenheit nicht gegeben, und daß daher dieses Wesen – Gott – existieren müsse. Dieser Schluß hat sich als nicht folgerichtig erwiesen, denn man kann nur folgern: falls es ein in diesem Sinne höchst vollkommenes Wesen gibt, dann kommt ihm die Existenz auch notwendig zu. Doch wäre es falsch, aus der Tatsache der Unschlüssigkeit des ontologischen Gottesbeweises nun zu folgern: also ist die Existenz Gottes widerlegt. Das wäre eben ein verfehlter Sprung von der Unschlüssigkeit des Schlusses auf die Unwahrheit des Schlußsatzes. Entsprechendes gilt umgekehrt.

Wenn wir daher hier die strenge Trennung von Wahrheit und Folgerichtigkeit fordern, so soll das doch nicht heißen, daß sie nicht in ontischen Strukturen eine gemeinsame Grundlage haben. Denn auch die Folgerichtigkeit hat ihren zureichenden Grund in ontischen Sachverhalten und ist insofern von der Urteilswahrheit nicht wesensverschieden.

Nach diesen allgemeinen Betrachtungen über Schlüsse und ihre Folgerichtigkeit, wenden wir uns nun den beiden Schlußverfahren zu: zunächst dem unmittelbaren, dann dem mittelbaren Schließen.

Unmittelbare Schlüsse

Unmittelbare Schlüsse sind Gedankengefüge, die aus zwei Urteilen und einem Folgerungsausdruck bestehen. Ihre allgemeinste Form ist: „S ist P, also Q ist R". Es ist evident, daß allein die Wahrheit dieser beiden Urteile noch nichts über ihre folgerichtige Verknüpfung aussagt. D. h. unsere Forderung nach Trennung von Wahrheit und Folgerichtigkeit gilt auch hier, obwohl wir sie oben meist an mittelbaren Schlüssen demonstriert haben. Es kommt nun darauf an festzulegen, wann eine unmittelbare Folgerung zwischen Prämisse und Conclusio richtig ist. Wir unterscheiden dabei vier mögliche Fälle:

a) Vorder- und Hintersatz unterscheiden sich hinsichtlich der Quantität bei gleicher Qualität,
b) Vorder- und Hintersatz unterscheiden sich hinsichtlich der Qualität bei gleicher oder verschiedener Quantität,
c) Vorder- und Hintersatz unterscheiden sich hinsichtlich der Modalität und
d) Vorder- und Hintersatz unterscheiden sich hinsichtlich der Relation.

Unmittelbare Schlüsse bei verschiedener Quantität. Wir erinnern uns der oben (S. 54 f.) aufgestellten Wahrheitsregel für die Subalternation. Daraus ergeben sich folgende richtige Schlüsse, wobei wir jetzt symbolisch setzen: + für *wahr* und — für *falsch*:

Aus + a folgt + i,
aus + e folgt + o,
aus — i folgt — a,
aus — o folgt — e.

Fassen wir das in Worte, so müssen wir sagen: logisch richtig ist immer der Schluß vom Allgemeinen auf das Besondere bei positiver Aussage, und vom Besonderen auf das Allgemeine bei negativer Aussage. Wenn wir wissen, daß eine Aussage für alle in Betracht kommenden Fälle wahr ist, dann leiten wir hieraus die Gültigkeit für jeden Einzelfall ab (*Deduktion*). Erweist sich aber eine Annahme in einem Einzelfall als falsch, so kann sie auch nicht für alle Fälle richtig sein (*Falsifikation*).

Demgegenüber führt die Induktion, d. h. der Schluß von einer gewissen Anzahl von Einzelbeobachtungen auf ein allgemeines Gesetz logisch gesehen nie zu absoluter Gewißheit, sondern immer nur zu Wahrscheinlichkeit. Mithin sind auch Naturgesetze, die in logischer Hinsicht Universalurteile sind, empirisch nicht verifizierbar (d. h. sie lassen sich experimentell nicht als wahr beweisen). Sie sind aber falsifizierbar, nämlich durch Angabe eines Falles, in dem das Gesetz nicht gilt. In diesem Zusammenhang sei auch darauf hingewiesen, daß die sogenannten Existenzurteile („Es gibt ein x ...“) empirisch nur verifizierbar sind, nämlich durch Aufweis eines zutreffenden Falles, aber nicht falsifizierbar, weil man experimentell nie die Möglichkeit ausschließen kann, daß irgendwo oder unter irgendwelchen Bedingungen ein solcher behaupteter Sachverhalt doch besteht oder eintritt. Die logische Konsequenz daraus ist, daß Aussagen, in denen ein Universalurteil mit einem Existenzurteil kombiniert ist, empirisch weder verifiziert noch falsifiziert werden können. Das gilt z. B. für das Kausalitätsprinzip, das die logische Form hat: „Zu jedem Ereignis x gibt es ein y ...“ (K. Hübner, LV 12; 198. A. F. Kremmeter, LV 16; 385).

Deduktive Wissenschaften sind *axiomatisiert,* d. h. sie beruhen auf letzten Grundannahmen (Axiomen oder Postulaten), die nicht weiter abgeleitet oder bewiesen sind. Modellfälle solcher deduktiver Wissenschaften sind mathematische Disziplinen. Nun kennt die Mathematik ein Verfahren, das hinsichtlich der Gültigkeit mathematischer Beziehungen zu absoluter Gewißheit führt, die *vollständige Induktion.* Wir erwähnen diesen Fall nur, weil die Meinung entstehen könnte, es gäbe – entgegen unserer Behauptung – doch eine Induktion, die logisch auf notwendige Wahrheit führt. Daß diese Annahme aber nicht richtig ist, wird sich gleich zeigen. Die vollständige Induktion geht von folgender Überlegung aus: Wir haben eine mathematische Beziehung A(n). Wir zeigen *allgemein,* daß, falls die Beziehung für ein A(k) richtig ist (k ist eine natürliche Zahl), sie auch für das nachfolgende A (k+1) richtig ist. Dann zeigt man, etwa durch Probieren, daß die Beziehung z. B. für A(1) richtig ist und kann nun *folgern*: also ist sie richtig für jedes A(n), wenn n eine natürliche Zahl ist.

Sieht man sich dieses Verfahren aber genauer an, so wird man bemerken, daß es tatsächlich *deduktiv* ist, und zwar wird ja jeder Einzelfall deduziert aus der allgemein gültigen Beziehung: „aus der Richtigkeit von A(k) folgt die Richtigkeit von A(k+1)". Diese Allgemeingültigkeit ist in dem betreffenden Kalkül hinreichend begründet und läßt dann die Deduktion auf alle entsprechenden Einzelfälle zu. Deshalb also ist die in der Mathematik gebräuchliche „vollständige Induktion" im Grunde deduktiver Natur und widerspricht nicht der Annahme, daß alle wirkliche Induktion nur zu Wahrscheinlichkeiten führen kann, gemäß dem logischen Gesetz: jede Verallgemeinerung ist nicht folgerichtig.

Zum Abschluß unserer Überlegungen über die Richtigkeit von unmittelbaren Folgerungen im Rahmen der Urteilsquantität sei noch auf den Zusammenhang zwischen Art- und Individualurteilen aufmerksam gemacht. Ein Arturteil kann sich auf ein spezifisches oder auf ein unspezifisches, also z. B. auf ein Durchschnittsmerkmal der Art beziehen. Daraus ergeben sich folgende evidente Möglichkeiten:

Von der Wahrheit eines spezifischen Arturteils kann man schließen auf die Wahrheit jedes entsprechenden Individualurteils. Ist das Arturteil unspezifisch, so ist ein solcher Schluß nicht folgerichtig. Von der Falschheit der Arturteile (spezifischen und unspezifischen) ist kein Schluß auf Individualurteile möglich, dgl. in keinem Falle von Individualurteilen auf Arturteile. Ferner ist klar, daß zwischen Kollektiv- und Einzelurteilen keine Schlüsse möglich sind, weil Kollektivmerkmale am Einzelobjekt in der Regel gar nicht sichtbar werden.

Unmittelbare Schlüsse bei verschiedener Qualität. Diese Schlüsse, die den oben (S. 54) zusammengestellten Wahrheitsregeln für kontradiktorische, konträre und subkonträre Urteile entsprechen, heißen auch „unmittelbare Schlüsse der Opposition". Wir stellen sie zusammen gemäß dem bereits eingeführten Schema mit + für *wahr* und — für *falsch*. Es ergeben sich folgende richtige Schlüsse:

Von + a auf — e und auf — o,
von + e auf — a und auf — i,
von + i auf — e,
von + o auf — a,
von — a auf + o,
von — e auf + i,
von — i auf + e und auf + o und
von — o auf + a und auf + i.

Wer sich diese Schlüsse noch durch Beispiele verdeutlichen möchte, verwende dazu unsere Skizze S. 53. Erinnert sei auch nochmals daran, daß *nicht* erlaubt sind die Schlüsse von + i auf + o oder auf — o und entsprechend von + o auf + i oder auf —i. Der Grund liegt darin, daß, wenn einige S P sind oder nicht sind, es völlig offen ist, was die anderen S sind. Ferner darf nicht von — a auf + e und nicht von — e auf + a geschlossen werden, weil bei konträrem Gegensatz Zwischenstufen möglich sind.

Unmittelbare Schlüsse bei verschiedener Modalität. Zunächst sei erinnert an das, was über ontologische und logische Modalitäten oben (besonders S. 47 ff.) gesagt wurde. Haben wir nun ein problematisches Urteil, z. B. „S kann P sein", so heißt das ja nur: P ist mit S einstimmig, es ist nicht widersprüchlich, daß S P ist. In keiner Weise wird aber etwas darüber gesagt, ob S tatsächlich P ist, und schon gar nicht, ob S notwendig P ist. Mithin ist aus der Wahrheit des problematischen Urteils keine Folgerung möglich, abgesehen von der gleichwertigen Umwandlung durch doppelte Verneinung: „S kann P sein" ist gleichwertig: „Daß S P ist, ist nicht unmöglich".

Wir sind daher auch nicht der Meinung, die z. B. Pfänder vertritt, daß ein Schluß von der Wahrheit des problematischen Urteils auf die Wahrheit des entsprechenden assertorischen folgerichtig sei. Pfänder meint, wenn das Urteil „S ist vielleicht P" wahr ist, so sei ein *Sachverhalt erfüllt,* der es nun auch gestatte, das assertorische Urteil „S ist tatsächlich P" und sogar das apodiktische Urteil „S ist notwendig P" zu fällen. Die Überlegungen, die ihn dahin führen, erinnern etwas an Gedanken N. Hartmanns im Hinblick auf den Begriff der „Realmöglichkeit", doch wollen wir, da sie zu sehr ontologischer Natur sind, hier nicht weiter darauf eingehen. Innerhalb der Logik müssen wir den Pfänderschen Schluß ablehnen. Angenommen, das Urteil „Der Stern x ist vielleicht belebt" sei wahr, so heißt das doch nicht, daß der Stern tatsächlich belebt ist, sondern nur, daß nach allem, was wir über den Stern wissen, sein Belebtsein nicht unmöglich ist. Also muß auch nicht, wenn das problematische Urteil wahr ist, ein Sachverhalt erfüllt sein, der mehr auszusagen gestattet, als eben das problematische Urteil.

Gehen wir nun von einem assertorischen Urteil aus: „S ist P", d. h. die Tatsache besteht, so folgt evidenter Weise, daß die Möglichkeit dazu gegeben sein muß. Also kann man von der Wahrheit des assertorischen auf die Wahrheit des problematischen Urteils schließen, nicht aber auf die des apodiktischen. Denn aus der Tatsache, daß auf dem Tisch ein Messer liegt, folgt nicht, daß irgendein logischer Zwang vorhanden wäre, dieses Urteil zu fällen, wie es bei Wesensurteilen oder bei folgerichtigen Schlüssen der Fall ist. Es ist ja nicht *denkunmöglich*, daß kein Messer auf dem Tisch liegt, aber es ist wohl denkunmöglich, daß ein Kreis nicht rund ist.

Anders ist es nun bei den apodiktischen Urteilen. Hier besteht ein notwendiger idealer Sachverhalt, der das Urteil logisch erzwingt. Anders als so, kann nicht geurteilt werden. Und da der Sachverhalt – wenn auch idealiter – notwendig besteht, besteht er auch tatsächlich und ist auch möglich. Also kann man von der Wahrheit des apodiktischen Urteils auf die des assertorischen und des problematischen schließen.

Genau umgekehrt ist die Ableitbarkeit, wenn feststeht, daß das jeweilige Modalurteil falsch ist: ist das problematische Urteil falsch, so kann der betreffende Sachverhalt weder tatsächlich noch notwendig sein. Ist das assertorische falsch, so kann der Sachverhalt zwar möglich, aber nicht notwendig sein. Und ist schließlich das apodiktische Urteil falsch, so können doch das problematische und das assertorische wahr sein.

Unmittelbare Schlüsse bei verschiedener Relation

a) *Der hypothetische Fall.* Wir hatten bereits bei der Besprechung der hypothetischen Urteile (S. 36) festgelegt: aus der Wahrheit des Vordersatzes (der Bedingung: „falls A ist"), folgt die Wahrheit des Hintersatzes (des Bedingten: „dann ist B"). Aus der Falschheit des Hintersatzes, folgt die Falschheit des Vordersatzes. Da man nun diese Grund-Folge-Beziehung manchmal auch in umgekehrter Reihenfolge schreibt (so z. B.: B ist, falls A ist), werden wir zweckmäßiger statt von Vorder- und Hintersatz von Bedingung (antecedens) und Bedingtem (consequens) sprechen. Da also bei richtigem nexus – wie wir oben gesagt haben – die Bedingung für das Bedingte hinreichend, aber nicht notwendig ist, ergibt sich die genannte Beziehung: bei wahrer Bedingung muß das Bedingte wahr sein, ist aber das Bedingte falsch, so muß auch die Bedingung falsch sein. Weitere Schlüsse lassen sich aus dem Grund-Folge-Verhältnis des hypothetischen Urteils nicht ziehen. Insbesondere kann also – obwohl der nexus und damit die Gesamtaussage richtig sind – aus einer falschen Bedingung ein wahres oder falsches Bedingtes folgen, so daß auch umgekehrt ein wahres Bedingtes aus wahrer oder falscher Bedingung resultieren kann.

Bei dieser Problemsituation müssen wir uns wieder gegen eine gelegentlich vertretene Auffassung wenden. So meint z. B. Pfänder, wenn das hypothetische Urteil „Falls Q ist R, dann S ist P" *wahr* ist, dann sei auch hier ein *Sachverhalt* erfüllt, der das *kategorische* Urteil „S ist P" auszusprechen gestatte. Diese Auffassung ist aber nach unseren vorausgegangenen Erörterungen falsch. Gehen wir zunächst – wie es in der mathematischen Logik geschieht – von einer Betrachtung der Wahrheitswerte der Teilurteile aus, so bestehen für eine richtige (oder wahre, wie meistens gesagt wird) Gesamtaussage folgende Möglichkeiten:

1. beide Urteile können wahr sein,
2. beide können falsch sein,
3. die Bedingung kann falsch, das Bedingte wahr sein.

Ausgeschlossen ist allein der Fall, daß das Bedingte falsch und die Bedingung wahr ist. Daher kann aus der Tatsache, daß ein hypothetisches Urteil als Gesamtaussage richtig ist, nur geschlossen werden: also folgt nicht aus einer wahren Bedingung ein falsches Bedingtes. Trotzdem kann das Bedingte (S ist P) falsch sein, nämlich genau dann, wenn auch die Bedingung falsch ist, wobei die Richtigkeit der Gesamtaussage nicht berührt wird.

Aber auch eine Betrachtung des nexus muß zur Ablehnung der Pfänderschen These führen. Denken wir z. B. an folgendes Urteil: „Falls die Sonne scheint, steigen die Temperaturen". Ist diese Gesamtaussage richtig, so müßte nach Pfänder folgen: die Temperaturen steigen. Tatsächlich ist aber das hypothetische Urteil dann richtig, wenn wir den Kausalnexus zwischen Sonnenschein und steigenden Temperaturen richtig erkannt haben. Es ist also auch richtig, wenn die Temperaturen tatsächlich fallen. Ja es ist sogar denkbar, daß ein hypothetisches Urteil sich auf ein unmögliches Bedingtes erstreckt und trotzdem hinsichtlich seines nexus richtig ist: „Falls sich alle Menschen lieben, herrscht auf der Welt ewiger Friede". Dieses Urteil ist doch sicherlich richtig, wenn ich den Zusammenhang zwischen der Liebe zwischen den Menschen und dem Frieden in der Welt richtig erkannt habe. Aber ich kann unmöglich daraus folgern: also ist ein Tatbestand erfüllt, der mich zu dem Urteil berechtigt, es bestehe ewiger Friede.

Prüfen wir nun den Fall, bei dem feststeht: das hypothetische Urteil ist *falsch*. Was folgt daraus für die Einzelurteile, insbesondere für das Bedingte? Ist damit das Bedingte wirklich falsch? Da das hypothetische Urteil nur dann falsch ist, wenn aus einer wahren Bedingung ein falsches Bedingtes folgt, sollte eigentlich genau dieser Fall gegeben sein. Fälle ich also das *falsche* Urteil „Falls A, dann B", so steht rein formal fest, daß, bei wahrem A, B falsch ist. Diese Folgerung ist exakt. Können wir aber damit auch *kategorisch behaupten:* „S ist nicht P"?

Wir betrachten zur Verdeutlichung ein Beispiel: Angenommen wir wüßten, daß folgendes Urteil *falsch* ist: „Falls man dem Patienten den Blinddarm entfernt, wird er gesund". Damit wissen wir, daß der angenommene nexus zwischen Entfernung des Blinddarmes und Gesundung des Patienten nicht besteht. Weitere Schlüsse erlaubt mein Wissen um die Falschheit dieses hypothetischen Urteils aber nicht. Insbesondere ist weder der Sachverhalt erfüllt„ der Patient wird nicht gesund" (er kann ja aus vielen anderen Ursachen gesund werden – manchmal zur Überraschung der Ärzte), noch der Sachverhalt „der Blinddarm wird entfernt" (es kann eine rein hypothetische Erwägung seitens des behandelnden Arztes sein). Nur *wenn* der Sachverhalt A (der Blinddarm wird entfernt) gesetzt wird, dann tritt sicher *nicht* als dessen Folge der Sachverhalt B (der Patient wird gesund) ein. Also kann auch hier nicht aus der *Falschheit* des hypothetischen Urteils auf die kategorische Wahrheit der Bedingung und auf die kategorische Falschheit des Bedingten geschlossen werden. Das Urteil „‚Falls A, dann B' ist falsch" führt somit nicht zu der kategorischen Aussage „B ist falsch", denn dies wäre eine unzulässige Existenzeinführung. Das hypothetische Urteil läßt die Existenzfrage „in der Schwebe".

Wir können also zusammenfassend sagen: weder aus der Wahrheit noch aus der Falschheit eines hypothetischen Urteils kann unmittelbar ein kategorisches Urteil, das einen *unbedingten* Sachverhalt aussagt, gefolgert werden. Denkt man *rein formalistisch,* so könnte man meinen, aus der Tatsache, daß „falls A, dann B" falsch ist, müsse folgen: also *ist* A wahr und B falsch (weil ja nur in diesem Fall das Gesamturteil falsch sein kann). Die Urteile „A ist wahr", „B ist falsch", sind aber in unserer Sprache, der wir uns bedienen müssen, nicht nur kategorische, sondern in derselben Form auch assertorische. Damit behaupten sie das *tatsächliche Bestehen* von Sachverhalten. Und das will das hypothetische Urteil nicht. Das hypothetische Urteil sagt weder bezüglich des antecedens noch bezüglich des consequens irgendein Sein realiter oder idealiter aus. Es sagt einzig und allein: wenn der Sachverhalt A, dann der Sachverhalt B. Mithin kann kein apodiktisches Urteil aus einem hypothetischen abgeleitet werden. Zielpunkt des hypothetischen Urteils ist der *nexus,* die Grund-Folge-Beziehung zwischen den beiden Teilurteilen. So wie zwischen der Summe von 8 und 7 und der Zahl 15 der nexus der Gleichheit besteht, auch wenn nirgendwo in der Welt diese Beziehung realisiert ist, so zielt das hypothetische Urteil auf den Grund-Folge-nexus seiner Teilurteile. Daß man sich innerhalb eines formalisierten Systems von diesen ontologischen

Bindungen befreien und andere Festsetzungen treffen kann, wird hiervon nicht berührt.

So führt z. B. die *materiale Implikation* (vgl. oben S. 37), die hinsichtlich der Wahrheit der Gesamtaussage allein die Wahrheitswerte der Teilurteile berücksichtigt, zu der Festsetzung: Wenn feststeht, daß das kategorische Urteil „S ist P" wahr ist, so ist jedes beliebige Urteil der hypothetischen Form „S ist P, falls Q R ist" ebenfalls wahr. Dies entspricht dem Grundsatz, daß bei wahrem consequens die materiale Implikation überhaupt nicht falsch werden kann. So wäre also folgendes Urteil „wahr": „Wenn Rom in Afrika liegt, ist ein Kreis rund".

Hält man dagegen am Bestehen einer Grund-Folge-Beziehung zwischen Vorder- und Hintersatz fest, so wird man das Urteil als falsch oder besser als sinnlos bezeichnen, weil der Vordersatz in keiner Weise zureichender Grund für den Hintersatz ist. Im Rahmen dieser Einführung in logisches Denken wollen wir an dieser „intensionalen" Betrachtunsweise festhalten mit dem Hinweis, daß die Wissenschaftslogik das Recht hat, dort neue Wege zu gehen, wo es sachlich gefordert, wo eine weitere Adäquation gegenüber der Seinswirklichkeit dadurch ermöglicht wird. Das ist der gleiche Standpunkt, den wir hinsichtlich einer mehrwertigen Logik vertreten.

Wir kommen damit zu dem Ergebnis: Unter Berücksichtigung der eigenen Struktur hypothetischer Urteile kann weder von der Wahrheit (Richtigkeit) noch von der Falschheit eines hypothetischen Urteils unmittelbar auf irgendein kategorisches Urteil geschlossen werden, wie auch ohne eine zusätzliche erkenntnistheoretische Betrachtung hinsichtlich des behaupteten nexus kein Schluß von einem kategorischen Urteil auf ein hypothetisches zulässig ist.

b) *Der disjunktive Fall.* Andererseits ist es richtig, daß man von der Wahrheit eines kategorischen Urteils auf die Wahrheit desjenigen disjunktiven schließen kann, das das kategorische als Alternative enthält. Ist also das Urteil „S ist P" wahr, so ist auch das Urteil „S ist P oder Q" wahr. Ist dagegen das Urteil „S ist P" falsch, so ist über die Wahrheit oder Falschheit des disjunktiven Urteils „S ist P oder Q" keine unmittelbare Aussage möglich.

Handelt es sich bei dem kategorischen Urteil um eine Verknüpfung kopulativer, adversativer oder komparativer Art (vgl. oben S. 35 f.), so sind aus der Falschheit des Urteils unmittelbare Schlüsse möglich, wie oben (S. 57 f.) unter dem Gesichtspunkt der verneinenden Umformung gezeigt wurde. Sie führen auch auf disjunktive Urteile.

Aus der Wahrheit des disjunktiven Urteils folgt unmittelbar nichts hinsichtlich der Wahrheit der beiden alternativen kategorischen Urteile, die in ihm enthalten sind. Ist also das Urteil „S ist P oder Q“ wahr, so ist ein kategorisches Urteil weder in bezug auf P noch in bezug auf Q möglich. Da wir aber wissen, daß eine vollständige Disjunktion dann und nur dann richtig ist, wenn nicht gilt „P und Q“ und auch nicht „weder P noch Q“, so können wir das disjunktive Urteil – analog zu unseren Überlegungen oben S. 41 – zerlegen in eine seiner Gliederzahl proportionale Folge hypothetischer Urteile. Aus der Wahrheit des Urteils „S ist P oder Q“ folgt daher unmittelbar die Wahrheit nachstehender hypothetischer Urteile:

S ist P, falls es nicht Q ist;
S ist Q, falls es nicht P ist;
S ist nicht P, falls es Q ist;
S ist nicht Q, falls es P ist.

Ist aber das disjunktive Urteil falsch, so weiß man ja nicht, weshalb es falsch ist. Es kann aus der Falschheit des Urteils „S ist P oder Q“ daher nur, wie oben S. 40 gezeigt, gefolgert werden: „S ist entweder P und Q oder weder P noch Q“.

Sonstige unmittelbare Schlüsse. Erwähnt seien noch einige spezielle Relationssachverhalte, die unmittelbare Schlüsse zulassen, und zwar entweder aus Symmetriegründen (Beispiele 1, 6, 8 und 10) oder durch Einführung der „konversen Relation“ (Beispiele 2–5, 7, 9, 11–13).

1) Aus x = y, folgt y = x;
2) aus A ist größer (kleiner) als B, folgt B ist kleiner (größer) als A;
3) aus A ist jünger (älter) als B, folgt B ist älter (jünger) als A;

4) aus A ist rechts (links) von B, folgt B ist links (rechts) von A;
5) aus A ist über (unter) B, folgt B ist unter (über) A;
6) aus A ist neben B, folgt B ist neben A;
7) aus A ist früher (später) als B, folgt B ist später (früher) als A;
8) aus A ist gleichzeitig mit B, folgt B ist gleichzeitig mit A;
9) aus A ist Teil von B, folgt B enthält A als Teil in sich;
10) aus A ist unverträglich mit B, folgt B ist unverträglich mit A;
11) aus A ist Grund von B, folgt B ist Folge von A;
12) aus A ist Ursache von B, folgt B ist Wirkung von A;
13) aus A heißt B, folgt B ist Name von A.

Wir wollen das Kapitel der unmittelbaren Schlüsse abschließen mit dem Hinweis, daß man – wie oben schon erwähnt wurde – auch noch die folgenden Umformungen zu ihnen rechnen kann:

1. die Äquipollenz (vgl. S. 56):
SaP, also SeNon-P,
SiP, also SoNon-P,
SeP, also SaNon-P,
SoP, also SiNon-P;
2. die einfache Umkehrung (vgl. S. 61):
Wenn SeP, dann PeS,
Wenn SiP, dann PiS;
3. die teilweise Umkehrung (vgl. S. 63):
Wenn SaP, dann PiS,
Wenn SeP, dann PoS;
4. die Kontraposition (vgl. S. 64):
Wenn SaP, dann Non-PaNon-S.

Mittelbare Schlüsse

Wir hatten schon oben (S. 82) festgelegt, daß ein mittelbarer Schluß im Gegensatz zu dem unmittelbaren mindestens drei Urteile enthalten muß, wobei die Prämissen durch „und" verbunden sind und der Schlußsatz mittels eines Folgerungsausdrucks angeschlossen wird. Wir wollen aber gleich auf einen oft zu beobachtenden Fall aufmerksam machen, wo ein mittelbarer Schluß in *abgekürzter* Form auftritt. So sagt man z. B.: „Eisen ist spezifisch schwerer als Wasser, also geht Eisen im Wasser unter". In dieser Form wäre der Schluß natürlich nicht folgerichtig, denn er ist ja kein unmittelbarer. Er ist vielmehr ein mittelbarer, bei dem man unterstellt, daß die allgemeine Prämisse „Alles, was spezifisch schwerer als Wasser ist, geht im Wasser unter" so bekannt ist, daß man sie nicht auszusprechen braucht. Insofern also ist der Schluß folgerichtig. Man nennt ihn *Enthymem* (griech. en thymo = im Sinn; d. h. man behält die eine Prämisse „bei sich").

Wir können uns somit grundsätzlich daran halten, daß wir für den mittelbaren Schluß drei Urteile brauchen. Dieser Schluß heißt ein *Syllogismus* (griech. syllogismos = logischer Schluß), genauer bei zwei Prämissen einfacher Syllogismus, bei drei und mehr Prämissen Polysyllogismus. Werden zwei einfache Syllogismen so zusammengefügt, daß der Schlußsatz des ersten zugleich Prämisse des zweiten ist, so heißt der erste Teil Prosyllogismus, der zweite Episyllogismus.

Wenn wir im folgenden die Regeln, Figuren und Modi des mittelbaren Schließens untersuchen, so gehen wir von einfachen kategorischen Syllogismen aus, d. h. von Syllogismen, die aus drei kategorischen Urteilen bestehen. Auf Besonderheiten wie Kettenschlüsse, hypothetische Syllogismen usw. soll am Schluß hingewiesen werden.

Außerdem ist es in vielen Fällen zweckmäßig, sich – wie schon oben gesagt wurde – die Zusammenhänge zwischen den Urteilen durch eine anschauliche Darstellung der Umfänge der beteiligten Begriffe zu erleichtern. Man erinnere sich der oben (S. 27) dargestellten Subsumtionstheorie, nach der die Kopula „ist" den Sinn hat: „fällt unter den Umfang von ...". Wir stellen die Umfänge der jeweiligen Begriffe durch Kreise dar und legen fest, daß alle Punkte, die in diesem Kreis liegen, also z. B. alle Poren des Papiers, die unter den Kreis fallen, auch unter den Umfang des betreffenden Begriffs fallen, oder mit anderen Worten, Elemente der Menge sind, auf die sich der Begriff bezieht. Sofern sich dann zwei Kreise überschneiden, sagen wir, daß es Elemente gibt, die sowohl der Menge des einen als auch der des anderen Kreises angehören, oder die Subjektgegenstände der *beiden* durch die Kreise veranschaulichten Begriffe sind.

Um uns mit diesen Beziehungen vertraut zu machen, gehen wir von einem einfachen Beispiel aus:

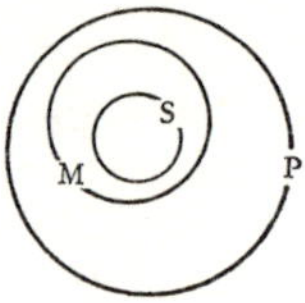

Fig. 5

Bäume sind Pflanzen
Pflanzen sind Organismen

Bäume sind Organismen.

Wir haben hier drei Begriffe von unterschiedlichem Umfang: zwei äußere und einen mittleren. Den mittleren, der im Schlußsatz nicht auftritt, also nur zwischen den beiden äußeren vermittelt, nennen wir Mittelbegriff (M), die beiden äußeren S und P. So ergibt sich die Darstellung der Fig. 5, wobei mit S die Bäume, mit M die Pflanzen und mit P die Organismen gemeint sind.

Diese drei Begriffe sind also auf drei Urteile verteilt, zwischen denen eine logische Beziehung besteht, die wir oben Folgerichtigkeit (consequentia) genannt haben. Wir erinnern uns der Feststellung, daß bei richtiger consequentia aus der Wahrheit der Prämissen auf die Wahrheit der Conclusio geschlossen werden muß (aber nicht von einer wahren Conclusio auf wahre Prämissen), und daß von der Falschheit der Conclusio auf die Falschheit mindestens einer Prämisse geschlossen werden muß (aber nicht von falschen Prämissen auf eine falsche Conclusio). Den strukturellen Aufbau des Schlusses als Grundlage seiner Folgerichtigkeit nennt man auch seine *Form.* Mit diesen Formen beschäftigt sich die Logik.

Die Schlußregeln

Ein Syllogismus kann nur dann folgerichtig sein, wenn er nach bestimmten logischen Regeln aufgebaut ist. Wir wollen sie im einzelnen ansehen:

a) Der einfache kategorische Syllogismus darf nur drei Begriffe enthalten. Wären z. B. vier Begriffe vorhanden, so wären die beiden Prämissenurteile total verschieden, sie zielten aneinander vorbei und enthielten keine gleichen und damit vergleichbaren Inhalte. Man denke an unser Beispiel b) S. 84: Alle Deutschen sind Europäer – Alle Japaner sind Asiaten. Ein folgerichtiger Schluß kann hieraus nicht gezogen werden. Man nennt diesen Fall eine *quaternatio terminorum* („Vervierfachung" der Begriffe). Sie liegt auch dann schon vor, wenn der wörtliche Ausdruck des Mittelbegriffs M in beiden Prämissen unterschiedlich supponiert wird: Die Rose ist rot – Rot ist eine Farbe – Die Rose ist eine Farbe.

b) Im folgerichtigen Syllogismus muß der Mittelbegriff wenigstens einmal allgemein sein, d. h. alle Gegenstände meinen, auf die er beziehbar ist. Ist der Mittelbegriff z. B. „Menschen", so müssen mindestens einmal alle Menschen gemeint werden und nicht in beiden Prämissen nur einige von ihnen. Ein Beispiel macht diese Regel leicht einsichtig:

> Einige Menschen sind gebildet,
> Politiker sind einige Menschen,
> ______________________________
> Politiker sind gebildet.

Dieser offensichtlich falsche Schlußsatz resultiert daraus, daß der M-Begriff „Menschen" im Beispiel beide Male partikularisiert wurde.

c) Der Mittelbegriff darf im Schlußsatz nicht vorkommen. Tritt er im Schlußsatz auf, so handelt es sich um eine kopulative Aneinanderreihung von Urteilen, aber nicht um einen Schluß:

> Karla ist eine Hausfrau,
> Karla ist eine Lehrerin,
> ______________________________
> Karla ist eine Hausfrau und eine Lehrerin.

Richtig wäre hier: also ist eine Hausfrau eine Lehrerin, bzw. eine Lehrerin eine Hausfrau.

d) Im Schlußsatz darf kein Begriff eine größere Ausdehnung haben als in einer der Prämissen, denn sonst würde im Schlußsatz mehr ausgesagt werden, als in den Prämissen enthalten ist. Aus der gleichen Erwägung folgt, daß sich der Schlußsatz in Quantität und Qualität nach dem schwächeren der Vordersätze richtet: Ist einer der Vordersätze partikulär, so kann auch der Schlußsatz nur ein partikuläres Urteil aussagen, ist einer der Vordersätze negativ, so kann auch der Schlußsatz nur etwas verneinen.

e) Es dürfen nicht beide Prämissen partikulär sein (ex mere particularibus nihil sequitur). Die Situation ist hier ähnlich wie bei Regel b). Zwei partikuläre Prämissen lassen unbestimmt, welche der durch ihre Subjektbegriffe umgrenzten Gegenstände gemeint sind. Daher ist ein Vergleich nicht möglich: einige M sind P, einige M sind S. Ob aber das Merkmal P genau auf diejenigen M zutrifft, die auch S sind, ist völlig offen. Ein folgerichtiger Schlußsatz kann nicht aus diesen Prämissen abgeleitet werden.

f) Es dürfen nicht beide Prämissen verneinend sein (ex mere negativis nihil sequitur). Wären beide Prämissen negativ, so würde z. B. die erste Prämisse sagen, daß einige Elemente der Menge M nicht unter P fallen, die zweite Prämisse, die nun nach Regel e) allgemein sein müßte, daß kein Element der Menge S unter M fällt. Es ist aber keine Aussage möglich über die Relation der S zu den P. Man kann sich das durch Kreisschemata einmal veranschaulichen. Entsprechend ist es unmöglich, einen Schlußsatz abzuleiten aus den Prämissen: Franzosen sind keine Engländer, Engländer sind keine Holländer.

Die Schlußfiguren

Wir werden nun versuchen, die einzelnen Schlußmöglichkeiten für Syllogismen systematisch abzuleiten. Wir stoßen dabei auf vier „Figuren“, drei davon hat bereits Aristoteles aufgestellt, die vierte stammt nach verbreiteter Auffassung von dem griechischen Arzt Galenus (2. nchr. Jahrhundert), ist aber nach Bochenski (LV 1; 162ff. und 251ff.) erst von dem jüdischen Aristoteliker Albalag (13. Jahrhundert) zumindest erstmalig scharf formuliert worden.

Gehen wir aus von den Bedingungen der Regel a), so muß der einfache kategorische Syllogismus – und nur mit ihm wollen wir uns ja hier beschäftigen – drei und nur drei Begriffe enthalten. Dadurch ist sichergestellt, daß der Inhalt der beiden Prämissenurteile sowohl Gemeinsames als auch Verschiedenes umfaßt. Lägen nur Gemeinsamkeiten vor, so würden beide dasselbe sagen, lägen aber nur Verschiedenheiten vor, so wäre kein Vergleich und damit kein Schluß möglich. Unter diesen Voraussetzungen ergeben sich in bezug auf die beiden Prämissen folgende drei Kombinationsmöglichkeiten:

1. Beide Prämissen haben verschiedene Subjekt- aber gleiche Prädikatbegriffe;
2. Beide Prämissen haben gleiche Subjekt-, aber verschiedene Prädikatbegriffe;
3. Beide Prämissen haben weder gleiche Subjekt- noch gleiche Prädikatbegriffe, doch stimmt der Prädikatbegriff der einen Prämisse mit dem Subjektbegriff der anderen überein.

Den in beiden Prämissen gemeinsamen Begriff nennen wir – entsprechend dem oben eingeführten Mittelbegriff – M, die beiden äußeren Termini vorläufig A und B. Wenn wir nun jeweils den Subjektbegriff an die erste, den Prädikatbegriff an die zweite Stelle schreiben, erhalten wir für die entwickelten drei Möglichkeiten folgende Schemata:

1.	erste Prämisse	AM
	zweite Prämisse	BM
2.	erste Prämisse	MA
	zweite Prämisse	MB
3.	erste Prämisse	AM
	zweite Prämisse	MB.

In der Conclusio darf in allen Fällen nur AB stehen, denn der Mittelbegriff muß gemäß Regel c) eleminiert werden.

Wir setzen nun in unsere Prämissenformen statt A und B die schon oben verwendeten Termini S und P ein, wobei wir folgende Vereinbarung treffen: Der P-Begriff soll stets der Oberbegriff (terminus maior) sein und in der oberen Prämisse stehen, die damit auch erste oder große Prämisse heißt. Der S-Begriff soll der Unterbegriff (terminus minor) sein und in der unteren Prämisse stehen, die zweite oder kleine Prämisse genannt wird. Der Grund für diese Benennungen ist historisch. Er geht darauf zurück, daß in der ersten Aristotelischen Figur der P-Begriff den größten Umfang hat.

Hiernach erhält die erste von uns diskutierte Form die folgende Struktur:

PM
SM
SP. (M ist in beiden Prämissen Prädikat)

Es ist dabei gleichgültig, ob wir P=A und S=B setzen oder umgekehrt, denn die P-Prämisse wird ja gemäß unserer Vereinbarung in jedem Falle an die erste Stelle gesetzt.

Die zweite Form erhält die Struktur:

MP
MS
SP. (M ist in beiden Prämissen Subjekt)

Auch hier gilt bezüglich der Gleichsetzung von S und P mit A und B dasselbe wie oben.

Im dritten Fall aber sieht man leicht, daß diese Überlegung nicht mehr gilt. Vielmehr ergeben sich zwei unterschiedliche Strukturen, je nachdem der Subjektbegriff der Conclusio aus AM entnommen und damit S = A gesetzt oder der Subjektbegriff der Conclusio aus MB entnommen und daher S = B gesetzt wird. Betrachten wir den ersten Fall, so setzen wir S = A und P = B und erhalten:

MP
SM
SP. (M ist in der ersten Prämisse Subjekt,
in der zweiten Prädikat)

Im zweiten Fall aber – in dem wir S=B und P=A setzen – finden wir:

PM
MS
———
SP. (M ist in der ersten Prämisse Prädikat,
in der zweiten Subjekt)

Somit ergeben sich insgesamt vier Schlußfiguren, die unter Berücksichtigung unserer (S. 102) getroffenen Vereinbarung die vier möglichen Kombinationen zwischen den drei Begriffen S, M und P umfassen. Wir nennen sie die vier Schlußfiguren und schreiben sie in folgender Reihenfolge:

1. Figur:	2. Figur:	3. Figur:	4. Figur:
MP	PM	MP	PM
SM	SM	MS	MS
SP	SP	SP	SP.

Die drei ersten Figuren sind die Aristotelischen, die vierte ist die von Albalag.

Die Modi der syllogistischen Figuren

Während die Schlußfiguren sich nur durch unterschiedliche Stellung des M-Begriffs auszeichnen, sind innerhalb jeder Figur weitere Differenzierungen notwendig. Man nennt sie die Modi der Syllogismen und meint damit die strukturellen Bedingungen, denen die Prämissen hinsichtlich Quantität und Qualität genügen müssen, um Grundlage eines folgerichtigen Schlusses werden zu können. Gehen wir von unserer Bezeichnung der Urteile (a, e, i, o) aus und nehmen wir zunächst an, daß in jeder Figur jede Prämisse entweder ein a-, ein e-, ein i- oder ein o-Urteil sein könne, so ergeben sich theoretisch folgende 16 mögliche Modi oder Prämissenkombinationen:

erste Prämisse:	a	a	a	a	e	e	e	e	i	i	i	i	o	o	o	o
zweite Prämisse:	a	e	i	o	a	e	i	o	a	e	i	o	a	e	i	o

Und weil diese 16 Kombinationen – so müssen wir zunächst annehmen – für jede einzelne Figur konstruierbar sind, ergeben sich insgesamt $4 \cdot 16 = 64$ syllogistische Modi. Unsere Aufgabe ist es jetzt, zu untersuchen, ob auch alle diese Wege gangbar sind, d. h. ob sich in allen 64 Modi tatsächlich folgerichtige

Schlüsse ergeben. Wir müssen das prüfen, und zwar allgemein unter Beachtung der oben aufgestellten Schlußregeln und dann noch für jede einzelne Figur gemäß ihrer jeweils besonderen Struktur.

Unzulässige Modi

Zunächst fallen einige Kombinationen generell aus. So dürfen nach Schlußregel f) nicht beide Prämissen vereinend sein. Das aber sind die Fälle:

e	e	o	o
e	o	e	o.

Es scheiden danach also bereits bei jeder Figur von den 16 theoretisch möglichen Kombinationen 4 aus, so daß insgesamt noch $4 \cdot 12 = 48$ Modi übrigbleiben.

Nach Schlußregel e) dürfen nicht beide Prämissen partikulär sein. Das aber sind die Kombinationen:

i	i	o
i	o	i.

Die Kombination o–o ist schon nach Regel f) ausgefallen. Wir müssen also weitere 3 Fälle für jede Figur eliminieren, so daß als bis jetzt noch mögliche Modi $4 \cdot 9 = 36$ verbleiben. Das sind die folgenden:

erste Prämisse:	a	a	a	a	e	e	i	i	o
zweite Prämisse:	a	e	i	o	a	i	a	e	a.

Wenn wir aber nun die Figuren im einzelnen überprüfen, werden wir feststellen, daß es noch Kombinationen der Prämissen gibt, die in der speziellen Figur nicht schlüssig sind und daher ebenfalls – nicht allgemein, aber für die betreffende Figur – ausscheiden müssen.

Die erste Figur

Gemäß unserer Ableitung S. 103 hat die erste Figur die Struktur:

$$\begin{array}{c} MP \\ \underline{SM} \\ SP. \end{array}$$

Die Frage ist: sind für die beiden Prämissen alle neun Kombinationen, die wir nach Ausschaltung einiger unzulässiger Modi erhalten haben, schlüssig? Es geht also – damit keine Unklarheiten verbleiben – um die Kombination der Buchstaben, die in Ober- und Untersatz jeweils zwischen den Subjekt- und den Prädikatbegriff eingefügt werden dürfen. Die Frage nach der Beschaffenheit der Conclusio lassen wir zunächst völlig offen, wir werden uns erst später gesondert damit befassen. Wir fügen also zwischen das S und P des Schlußsatzes vorläufig noch keinen Buchstaben ein, sondern betrachten nur die Prämissen.

Dabei finden wir, daß in der ersten Figur der Untersatz nicht verneinend sein darf. Wäre er nämlich verneinend, so schlössen sich S und M gegenseitig ganz oder teilweise aus, d. h. er würde sagen, daß einige oder alle S nicht unter M fallen. Der Obersatz aber, der nach Regel f) dann bejahend sein müßte, würde nur sagen, daß einige oder alle M unter P fallen. Es würde aber nicht zum Ausdruck kommen, wie groß der Umfang von P tatsächlich ist, insbesondere wie er sich zu S verhält. Man kann also nicht entscheiden, ob keine, einige oder alle Elemente, die unter S fallen, auch unter P fallen. Soweit es nützlich sein sollte, möge der Leser sich diese und auch die folgenden Zusammenhänge mittels Kreisfiguren verdeutlichen. Dabei muß man beachten, daß das Urteil „Einige S sind nicht M" nicht gleichbedeutend ist mit „einige S sind M". Das erste Urteil sagt nämlich nur, daß einige S nicht unter M fallen. Was mit den anderen ist, ob sie unter M oder nicht unter M fallen, bleibt völlig unausgesprochen (vgl. auch S. 62 das Beispiel zu Fig. 4).

Wir müssen also für die erste Figur alle Modi mit negativer zweiter Prämisse ausschließen, das sind die Fälle:

a	a	i
e	o	e.

Somit verbleiben uns für die erste Figur noch sechs Modi. Nun kommt aber hinzu, daß der Obersatz notwendig allgemein sein muß. Wäre er nämlich nur partikulär (bejahend oder verneinend), so würde er lediglich eine teilweise Übereinstimmung oder Nichtübereinstimmung zwischen M und P aussagen. Aus dem Untersatz folgte dann, daß alle oder einige S unter M fallen, jedoch ist nicht gesagt, ob es sich dabei gerade um diejenigen M handelt, für die eine Beziehung zu P festgelegt wurde. Also ist ein folgerichtiger Schluß nicht möglich.

Es gibt hierfür noch einen anderen Beweis, der auch für spätere Überlegungen bedeutsam ist: Angenommen der Obersatz der ersten Figur wäre partikulär, so würde der M-Begriff, der hier Subjekt ist, in ihm partikularisiert (einige M ...), z. B. „einige Menschen sind Mathematiker". Der Untersatz muß nach den vorausgegangenen Überlegungen bejahend sein. Im bejahenden Fall wird aber der M-Begriff als Prädikat des Untersatzes auch in diesem partikularisiert, weil sich ja der S-Begriff nur auf einen Teil der M bezieht (vgl. „alle Logiker sind – einige – Menschen"). Ausgenommen wäre der seltene Fall der Deckungsgleichheit zwischen Subjekt (S) und Prädikat (M), über dessen Vorliegen aber eine logische Entscheidung nicht möglich ist und der auch als Ausnahme nicht Grundlage einer logischen Regel sein kann. Also müssen wir damit rechnen, daß bei partikulärem Obersatz der M-Begriff in *beiden* Prämissen partikulär ist, was gegen Regel b) verstößt. Mithin muß der Obersatz allgemein sein.

Gemäß diesen Betrachtungen fallen noch die Modi $\begin{matrix} \text{i} \\ \text{a} \end{matrix}$ und $\begin{matrix} \text{a} \\ \text{o} \end{matrix}$ aus. Es verbleiben also vier Modi, die in der ersten Figur schließen müßten, und zwar: $\begin{array}{c|c|c|c} \text{a} & \text{e} & \text{a} & \text{e} \\ \text{a} & \text{a} & \text{i} & \text{i} \end{array}$. Mit ihrer Schlüssigkeit und den daraus folgenden Schlußsätzen werden wir uns später beschäftigen. Wir notieren als Modi der ersten Figur:

MaP MeP MaP MeP
SaM SaM SiM SiM.

Hiernach wird man auch den folgenden Text des Aristoteles verstehen:

„Wenn sich also drei Termini zueinander so verhalten, daß der letzte in dem mittleren (als im) ganzen ist, und der mittlere (als) im ganzen im ersten ist oder nicht ist, so ergibt sich notwendig aus den äußeren (Termini) ein vollendeter Schluß. ... Wenn aber der eine Terminus sich allgemein, der andere sich partikulär zum anderen (verhält), dann – falls das Allgemeine zum größeren äußeren (Terminus) gesetzt wird, bejahend oder verneinend, und das Partikuläre zum kleineren bejahend – muß der Schluß vollendet sein" (Bochenski LV 1; 74 f.). Der erste Teil des Zitats bezieht sich auf die beiden ersten Modi, der zweite Teil auf die beiden letzten.

Die zweite Figur

Für die zweite Figur hatten wir folgende Strukturformel gefunden:

$$\begin{array}{c} PM \\ SM \\ \hline SP. \end{array}$$

Analysieren wir sie, so ergibt sich, daß notwendig eine Prämisse verneinend sein muß. Denn wären beide bejahend, so würde das M einmal dem P, einmal dem S zugesprochen, es folgte aber nichts über das Verhältnis S zu P (Beispiel: Krokodile sind Tiere, Wildschweine sind Tiere – was folgt daraus?). Außerdem erkennt man, daß M in beiden Prämissen als Prädikatbegriff positiver Urteile partikularisiert würde (vgl. unsere Überlegungen S. 106), was einen Verstoß gegen Schlußregel b) bedeutet. Es scheiden also für die zweite Figur diejenigen Modi aus, die zwei bejahende Prämissen enthalten, das sind: $\begin{array}{c|c|c} a & a & i \\ a & i & a. \end{array}$

Danach verbleiben noch sechs Modi. Nun kommt aber weiter hinzu, daß der Obersatz allgemein sein muß. Wäre er nämlich partikulär bejahend, so müßte nach dem Vorhergesagten und nach Regel e) der Untersatz allgemein verneinend sein. Der Untersatz würde also S und M voneinander ausschließen, der Obersatz sagen, daß einige P unter M fallen, den weiteren Umfang von P aber völlig offenlassen, so daß keine Beziehung zwischen S und P erkannt werden kann. Wäre der Obersatz partikulär verneinend, so schlösse er P und M teilweise voneinander aus. Der Untersatz, der nun nach den Regeln f) und e) allgemein bejahend sein müßte, könnte nur sagen, daß alle S unter M fallen. Ob sie dabei aber gleichzeitig unter P fallen oder nicht, bliebe unentscheidbar. Also fallen für die zweite Figur die beiden Modi mit partikulärem Obersatz aus: $\begin{array}{c|c} i & o \\ e & a. \end{array}$

Wir halten danach für die zweite Figur folgende vier Modi fest:

$$\begin{array}{cccc} PeM & PaM & PeM & PaM \\ SaM & SeM & SiM & SoM. \end{array}$$

Wir werden auch diese Modi hinsichtlich ihrer tatsächlichen Schlüssigkeit noch weiter analysieren. Zunächst aber betrachten wir

Die dritte Figur

Diese Figur hat die Form:

$$\frac{\begin{array}{c}MP\\ MS\end{array}}{SP}.$$

Von den neun möglichen Modi scheiden in diesem Falle drei als unschlüssig aus, weil der Untersatz bejahend sein muß. Wäre er nämlich verneinend, so müßte nach Regel f) der Obersatz bejahend sein. Er würde also aussagen, daß alle oder einige M unter P fallen. Der wirkliche Umfang von P aber bliebe unbestimmt. Dann würde durch den Untersatz bestimmt, daß alle oder einige M nicht S sind, doch bliebe auch der tatsächliche Umfang von S offen. Damit wird – wie man leicht sieht – keine Aussage möglich über die Beziehung von S zu P. Also ist ein folgerichtiger Schlußsatz unmöglich.

Auch hier gibt es noch eine andere Überlegung, die zu demselben Ergebnis führt. Sie geht aus von Schlußregel d). Hiernach muß bei mindestens einer verneinenden Prämisse der Schlußsatz auch verneinend sein. Im verneinenden Schlußsatz wird P allgemein, denn wenn wir von gewissen Subjekten S sagen, daß sie nicht unter P fallen, dann spreizen wir sie von *allen* P ab, d. h. wir müssen diese Aussage auf den Gesamtumfang des P-Begriffes beziehen. Nun folgt aber weiter aus Regel d), daß im Schlußsatz kein Begriff einen größeren Umfang haben darf als in den Prämissen. Also müßte P im Obersatz ebenfalls allgemein sein. Das aber wäre (vgl. S. 106) nur bei verneinenden Urteilen möglich. Damit wären beide Prämissen verneinend, was gegen Regel f) verstößt. Wir kommen also auch durch diese Überlegung zu dem Ergebnis: der Untersatz muß bejahend sein.

Danach scheiden folgende Modi aus:

a	a	i
e	o	e

Es verbleiben sechs Modi für die dritte Figur:

MaP MeP MiP MaP MoP MeP
MaS MaS MaS MiS MaS MiS.

Die vierte Figur

Schließlich betrachten wir jene Figur, die nach den Forschungen Bochenskis von Albalag den Aristotelischen Figuren als vierte hinzugefügt wurde. Das soll nicht heißen, daß die Möglichkeit zu dieser Figur den älteren Logikern unbekannt gewesen sei. Sie wurde von ihnen lediglich als von der ersten nicht verschieden verworfen.

In einem hebräisch verfaßten Text von Albalag heißt es: „Meiner Meinung nach gibt es notwendig vier Figuren. Daß nämlich der mittlere Terminus in einer der beiden Prämissen Subjekt und in der anderen Prädikat ist, kann auf zwei Weisen stattfinden:

1. der mittlere Terminus ist Subjekt in der kleineren, Prädikat in der größeren (Prämisse),
2. er ist Prädikat in kleineren, Subjekt in der größeren (Prämisse).

Die Alten haben nur das zweite Schema betrachtet und haben es ‚erste Figur' genannt. Diese läßt vier Modi zu, die einen Schlußsatz hervorbringen können. Das erste (der beiden genannten) Schema(ta) jedoch, welches ich gefunden habe, läßt fünf Modi zu, die einen Schlußsatz hervorbringen können" (Bochenski LV 1; 252).

Daraus folgt die schon oben für die vierte Figur abgeleitete Strukturformel:

$$\frac{\begin{array}{c}PM\\MS\end{array}}{SP.}$$

Wir wollen versuchen, die von Albalag erwähnten fünf Modi dieser Figur zu bestimmen.

Zunächst gilt, daß keine Prämisse partikulär verneinend, also ein o-Urteil sein darf. Wäre nämlich eine Prämisse ein o-Urteil, so müßte gemäß Schlußregeln e) und f) die andere Prämisse notwendig ein a-Urteil sein. Hieraus ergäben sich zwei mögliche Fälle:

a) der Obersatz wäre ein a-Urteil – alle P fallen unter M; der Untersatz wäre ein o-Urteil – einige M fallen nicht unter S. Ungewiß bliebe, ob davon die P betroffen würden.

b) Der Obersatz wäre ein o-Urteil – einige P fallen nicht unter M; der Untersatz wäre ein a-Urteil – alle M fallen unter S. Da aus dem bloß verneinenden Obersatz nicht zu erkennen ist, ob eine teilweise Übereinstimmung zwischen M und P besteht (denn diese ist nicht ausgesagt) und wie diejenigen P, die nicht M sind, zu S liegen, ist auch nicht zu erkennen, welche Beziehung zwischen S und P besteht. Somit ist kein Schlußsatz hinsichtlich S und P möglich.

Es scheiden also aus die beiden Modi $\begin{array}{c|c} a & o \\ o & a \end{array}$.

Nicht schlüssig sind in der vierten Figur aber auch die Modi $\begin{array}{c} a \\ i \end{array}$ und $\begin{array}{c} i \\ e \end{array}$. Im ai-Schluß läge nach dem Obersatz der Umfang des P völlig in dem von M. Nach dem Untersatz käme zwar einigen M S zu, es bliebe aber ungeklärt, ob das gerade diejenigen M wären, die auch P sind. Also könnte ein Vergleich zwischen S und P nicht zustande kommen. Der Modus ist nicht schlüssig.

Der ie-Modus besagt für den Obersatz eine teilweise Übereinstimmung von P und M. Nach dem Untersatz besteht keine Gemeinsamkeit zwischen M und S. Wie S aber tatsächlich liegt (man denke an die Kreise), ob ganz in P, teilweise in P oder ganz außerhalb von P, ist unentschieden. Mithin ist auch dieser Modus zu eliminieren.

Nach all diesen Überlegungen verbleiben tatsächlich – wie Albalag gesagt hat – für die vierte Figur fünf Modi, und zwar:

PaM	PaM	PiM	PeM	PeM
MaS	MeS	MaS	MaS	MiS.

Somit haben wir die ursprünglich als theoretisch möglich angenommenen 64 Modi auf insgesamt 19 reduziert, nämlich vier für die erste, vier für die zweite, sechs für die dritte und fünf für die vierte Figur. Um sicherzustellen, daß unsere Auslese aber auch wirklich vollständig war, müssen wir für diese 19 Modi die Gültigkeit in jedem Falle erweisen und dazu noch die richtige Qualität und Quantität des Schlußsatzes finden.

Das dictum de omni et nullo

Die traditionelle Logik hat die vier Modi der ersten Figur gewissermaßen als evidente Axiome verstanden und alle anderen Modi nach bestimmten Verfahren auf diese zurückgeführt. Insoweit schließt sie sich Aristoteles an, der nur die ersten vier Modi als *vollkommene* angesehen hat. Um ihr Verhalten zu beschreiben, bediente er sich des später so genannten „dictum de omni et nullo“: „Quidquid de omnibus valet, valet etiam de quibusdam et singulis; quidquid de nullo valet, nec de quibusdam et singulis valet“ (Was von allen gilt, gilt auch von einem einzelnen und einigen, was von keinem gilt, gilt auch nicht von einem einzelnen und einigen). Wir erkennen hierin die schon oben (S. 54 f.) abgeleitete Wahrheitsregel für subalterne Urteile. Auf dem ersten Teil dieses Satzes beruhen der erste und dritte Modus der ersten Figur. Sie besagen nämlich im Obersatz, daß P allen M zukommt, im Untersatz, daß alle oder einige S M sind. Die Folgerung, die auf Grund des genannten dictums in der Konjunktion der beiden Prämissen liegt, heißt dann, daß diejenigen S, die M sind, auch P sind. Auf dem zweiten Teil des dictums beruhen der zweite und vierte Modus der ersten Figur. Hier schließt der Obersatz alle M von P aus. Nach dem Untersatz sind alle oder einige S M. Die Folgerung: diejenigen S, die M sind, können nicht P sein.

Fragen wir aber, was der *Grund* für dieses dictum und damit auch für die Struktur dieser vier Modi ist, so müssen wir wieder auf ontische Sachverhalte rekurrieren. Nur im Verhalten der Gegenstände selbst liegt der zureichende Grund für die Beschaffenheit dieses dictums. Wenn Gegenstände sich dadurch zu einer bestimmten Menge zusammenfassen lassen, daß an ihnen ein gewisses Merkmal sichtbar ist, so muß eben dieses Merkmal, das für alle Gegenstände dieser Menge gilt, auch von jedem einzelnen Gegenstand ausgesagt werden können, sonst schlösse sich der Gegenstand selbst von der Menge aus. Lassen sich aber andererseits Gegenstände dadurch zu einer Menge zusammenfassen, daß ein bestimmtes Merkmal an ihnen nicht sichtbar ist, so kann dieses Merkmal evidenter Weise an keinem Gegenstand dieser Menge sichtbar sein, weil er sich eben sonst auch selbst von der Zugehörigkeit zu dieser Menge ausschlösse. Nur darin kann man den Grund des „dictum de omni et nullo“ sehen.

Die Modi der ersten Figur

In der ersten Figur ist M im Obersatz Subjekt, im Untersatz Prädikat. Nach Ausschaltung unzulässiger Modi sind übriggeblieben:

MaP MeP MaP MeP
SaM SaM SiM SiM.

Der erste Modus. Wir analysieren nun den ersten Modus mit den Prämissen MaP und SaM, prüfen seine Schlüssigkeit und bestimmen den zugehörigen Schlußsatz. Nach dem Obersatz sind alle M P, d. h. P kommt allen M zu, M fällt ganz unter den Umfang von P. Offen bleibt, wie groß der Umfang von P tatsächlich ist, im Grenzfalle können die Umfänge von M und P zusammenfallen. Keinesfalls aber kann P kleiner als M sein. Wir müssen daher, um auch den Grenzfall zu berücksichtigen, zur Veranschaulichung zwei Figuren zeichnen:

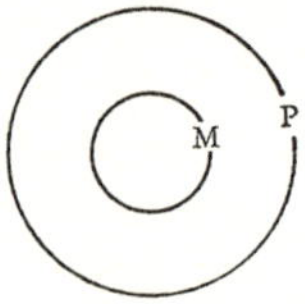

Fig. 6

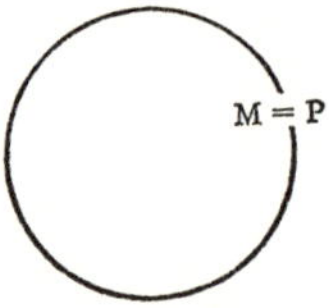

Fig. 7

Diese beiden Bilder stellen die erste Prämisse dar. In der zweiten sind die Verhältnisse völlig analog in bezug auf das

Verhalten von S und M: S ist kleiner als oder höchstens gleich M. In Bildern:

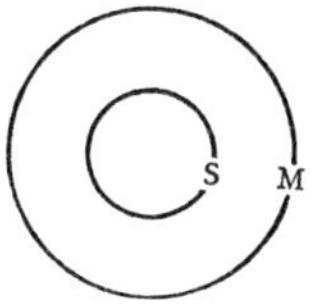

Fig. 8

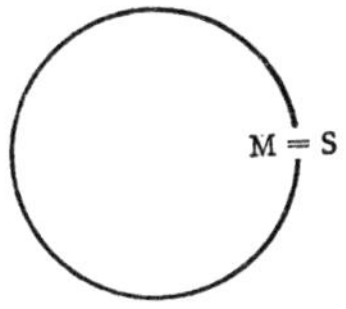

Fig. 9

Vereinigen wir nun die beiden Prämissen konjunktiv (d. h. durch „und"), wobei die einzelnen Begriffe die einmal festgelegten Umfänge natürlich behalten müssen, so wird deutlich, daß P den weitesten, S den kleinsten Umfang haben muß, daß aber im Grenzfalle sogar beide zusammenfallen können, nämlich dann, wenn M = P und S = M wird. Insgesamt ergeben sich also vier Kombinationen, die durch die Figuren 10 bis 13 dargestellt werden:

Fig. 10

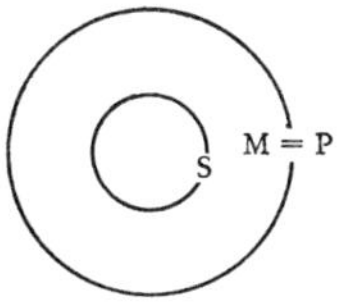

Fig. 11

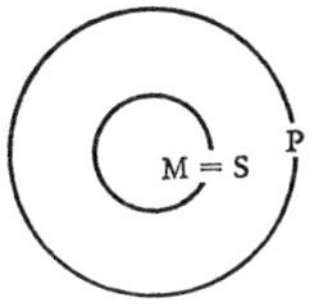

Fig. 12

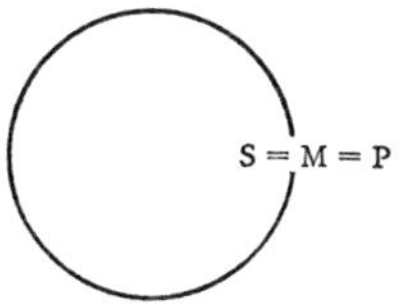

Fig. 13

Der Regelfall ist natürlich der der Fig. 10, denn es ist oben schon darauf hingewiesen worden, daß eine genaue Übereinstimmung im Umfang zweier Begriffe ein außerordentlich seltener Fall ist, der meist nur bei Begriffsdefinitionen auftritt. Eliminieren wir nun – entsprechend Schlußregel c) (S. 99) – den Mittelbegriff, d. h. in unseren Figuren den Mittelkreis M, so erkennt man, daß der S-Kreis völlig im Umfang des P-Kreises liegt, daß also alle S P sein müssen. Hiernach muß der Schlußsatz die Form SaP haben. Unter Zusammenfassung dieser Überlegungen gewinnen wir für den ersten Modus der ersten Figur die nunmehr vollständige und durch Rückgriff auf mengenmäßige Sachverhalte als richtig erwiesene Form:

$$\begin{array}{c} \text{MaP} \\ \underline{\text{SaM}} \\ \text{SaP.} \end{array}$$

Der zweite Modus. Der zweite Modus der ersten Figur enthält die Prämissen MeP und SaM. Wir veranschaulichen uns die Verhältnisse zwischen den Begriffen S, M und P wieder durch Kreise. Der Obersatz sagt, daß die Kreise M und P keine Berührungspunkte haben, der Untersatz, daß S von M ganz umschlossen wird, im Grenzfalle, daß beide identisch sind. Damit ist ersichtlich, daß auch S und P keine Berührungspunkte haben können, und daß der Schlußsatz lauten muß: SeP.

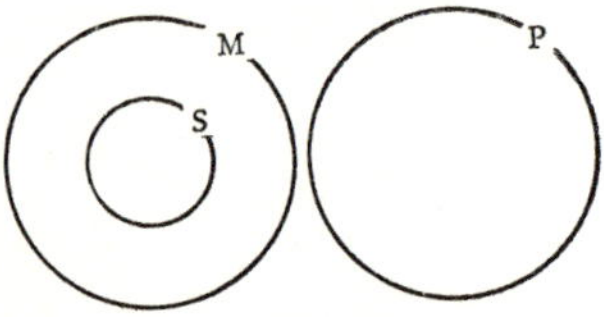

Fig. 14

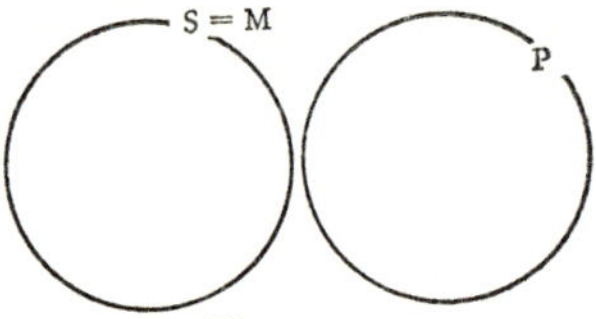

Fig. 15

Als richtige Schlußform für den zweiten Modus hat sich somit ergeben:

$$\begin{array}{c} \text{MeP} \\ \underline{\text{SaM}} \\ \text{SeP.} \end{array}$$

Der dritte Modus. Der dritte Modus der ersten Figur wird bestimmt von den Prämissen: MaP und SiM. Der Obersatz ist uns schon im ersten Modus begegnet: M fällt ganz unter P, im Grenzfall sind beide identisch (vgl. Fig. 6 und 7). Der Untersatz sagt aus, daß einige S M sind. Über die anderen S wird aber gar nichts gesagt (sie können M oder nicht M sein), so daß wir vier Darstellungsfälle berücksichtigen müssen:

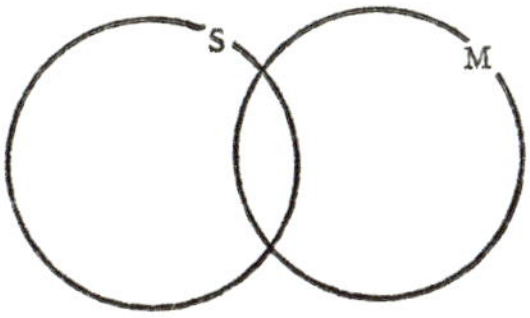

Fig. 16

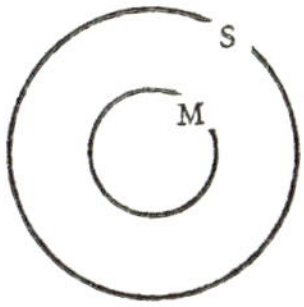

Fig. 17

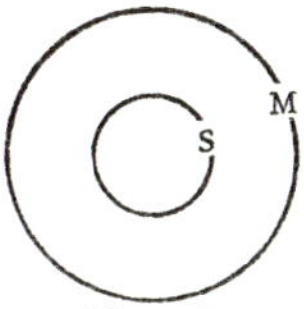

Fig. 18

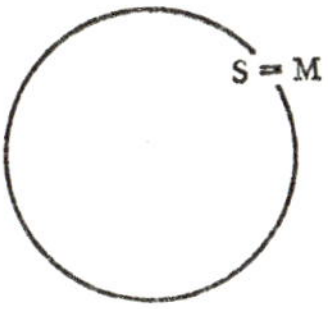

Fig. 19

Da nach dem Obersatz alle M P sind, folgt nun mit Notwendigkeit, daß einige S P sind, nämlich mindestens diejenigen, die M sind, die unter den Umkreis von M fallen. Die sich hier ergebenden Möglichkeiten bildlicher Darstellung kann der Leser für sich konstruieren, wobei er je eine der Figuren 6 oder 7 mit je einer der Figuren 16, 17, 18 oder 19 konjunktiv zu verbinden hat.

Wir erhalten für den dritten Modus die folgende richtige Schlußform:

$$\begin{array}{l} \text{MaP} \\ \underline{\text{SiM}} \\ \text{SiP.} \end{array}$$

Der vierte Modus. Schließlich haben wir beim vierten Modus der ersten Figur folgende Prämissen gefunden: MeP und SiM. Das MeP-Urteil zeigt Fig. 20, das SiM-Urteil findet man in den Fig. 16 bis 19.

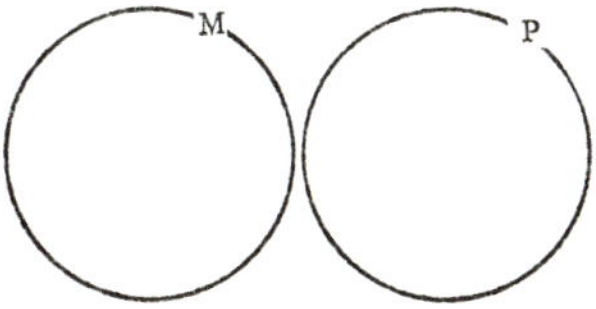

Fig. 20

Wir müssen uns nun noch mit der Vereinigung der beiden Prämissen befassen. Da M und P keine Berührungspunkte haben und da einige S M sind, folgt zwingend, daß mindestens diejenigen S, die nicht M sind, nicht P sind. Damit wird die Conclusio partikulär verneinend, also ein o-Urteil.

Im Bilde ergeben sich mehrere Möglichkeiten, wir stellen folgende zwei Beispiele dar:

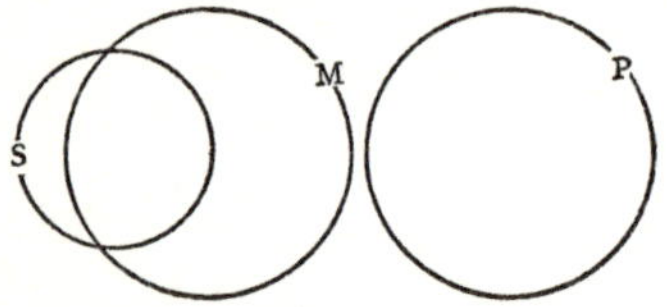

Fig. 21

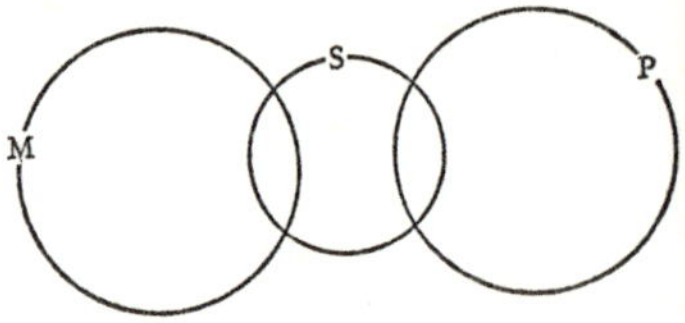

Fig. 22

Damit haben wir für den vierten Modus der ersten Figur die folgende Form als richtig nachgewiesen:

MeP
SiM
SoP.

Zusammenfassung. Wir stellen die vier Modi der ersten Figur zusammen und geben für jeden Modus ein Wortbeispiel an:

1. MaP	Alle Vögel sind Tiere
SaM	Alle Spatzen sind Vögel
SaP	Alle Spatzen sind Tiere
2. MeP	Kein Mensch ist vollkommen
SaM	Alle Studenten sind Menschen
SeP	Kein Student ist vollkommen
3. MaP	Alle Kreise sind rund
SiM	Einige Figuren sind Kreise
SiP	Einige Figuren sind rund
4. MeP	Kein Dozent ist wohlhabend
SiM	Einige Menschen sind Dozenten
SoP	Einige Menschen sind nicht wohlhabend

Hierzu sei noch angemerkt, daß in der ersten Figur die Obersätze stets allgemein sind, und zwar bejahend oder verneinend, daß die Untersätze stets bejahend sind, allgemein oder partikulär, und daß im Schlußsatz alle Formen auftreten. Die Qualität der Conclusio entspricht in dieser Figur immer der Qualität des Obersatzes. Außerdem überzeugt man sich leicht, daß alle Schlußsätze der Regel d) entsprechen.

Merkwörter

Für jeden Modus hat man – als Gedächtnisstütze – ein Merkwort eingeführt, das nach folgenden Regeln konstruiert wurde:

Der Anfangsbuchstabe des Merkwortes ist entnommen den vier ersten Konsonanten des Alphabets. So beginnt das Merkwort des ersten Modus mit B, das des zweiten mit C, das des dritten mit D und das des vierten mit F. Die drei ersten Silben des Wortes bestimmen durch ihre Vokale Quantität und Qualität der im Schluß enthaltenen Urteile, und zwar der erste Vokal die große Prämisse (Obersatz), der zweite Vokal die kleine Prämisse (Untersatz) und der dritte Vokal den Schlußsatz. Nach diesen Grundsätzen wurden folgende Namen für die vier Modi der ersten Figur gebildet:

1. Modus: Barbara
2. Modus: Celarent
3. Modus: Darii
4. Modus: Ferio

Der Leser prüfe die Richtigkeit der Vokalfolgen selbst nach. Die Namen stammen übrigens von dem scholastischen Philosophen Petrus Hispanus, dessen Lehrbuch der Logik lange Zeit richtungweisend war.

Maßgebend für die Namen der vier Modi der ersten Figur sind also die Anfangsbuchstaben und die Vokale a, e, i und o. Alle weiteren Buchstaben dienen zunächst nur der sprachlichen Abrundung. Für die Modi der anderen Figuren werden wir allerdings noch weitere Buchstaben mit fester Bedeutung kennenlernen.

Die Modi der zweiten Figur

Für die zweite Figur hatten wir festgelegt, daß M in beiden Prämissen Prädikat ist. Nach Ausschaltung unzulässiger Modi verblieben vier Prämissenkombinationen, und zwar

PeM PaM PeM PaM
SaM SeM SiM SoM.

Über ihre Richtigkeit soll jetzt endgültig entschieden werden. Hierzu bieten sich zwei Wege an: der eine führt – wie schon bei der ersten Figur – über die anschauliche Darstellung mittels Kreisfiguren, der andere, von der traditionellen Logik bevorzugte, über die Rückführung auf die axiomatischen und schon als widerspruchsfrei erwiesenen Modi der ersten Figur. Dabei bedient man sich der Sätze vom Widerspruch und vom ausgeschlossenen Dritten, der Umkehrung einzelner Urteile (vgl. S. 59), der „Prämissenvertauschung" (dieser Begriff wird unten beim zweiten Modus der zweiten Figur erklärt) und der „Heraushebung" (vgl. S. 32 Ziff. 3 und S. 125).

Wir wählen hier folgende Methode: Um zunächst den Schlußsatz formulieren zu können, veranschaulichen wir den Schluß durch Kreise. Dann prüfen wir die Richtigkeit der gefundenen Beziehungen durch Reduktion auf die Modi der ersten Figur, weil uns hierdurch auch die Merkwörter verständlich werden.

Der erste Modus. Wir beginnen mit dem ersten Modus der zweiten Figur, der die Prämissen PeM und SaM enthält. Greifen wir auf die Bilder des zweiten Modus der ersten Figur zurück (vgl. S. 114 Fig. 14 und 15), so ist der hier zu behandelnde Sachverhalt bereits dargestellt: Der Obersatz schließt die Kreise P und M voneinander aus, der Untersatz läßt den Kreis S ganz in den Umfang von M fallen, wobei im Grenzfall beide gleich sein können. Mithin haben die Kreise von S und P keinen Berührungspunkt. Der Schlußsatz kann also nur heißen: SeP, so daß sich als endgültige Form der Modus ergibt:

PeM
SaM
―――
SeP.

Der Beweis für die Richtigkeit des Schlusses wird erbracht durch Rückführung auf den Schluß „Celarent“:

MeP
SaM
―――
SeP.

Diese Rückführung ist unkompliziert, weil wir nur die große Prämisse, die ein e-Urteil ist, einfach zu konvertieren brauchen (vgl. oben S. 61). Dadurch ergibt sich die schon als richtig erwiesene Schlußfigur „Celarent“. Also ist auch der erste Modus der zweiten Figur richtig.

Nun müssen wir lediglich für ihn noch einen Namen finden. Fest steht zunächst die Vokalfolge, die die gleiche ist wie bei „Celarent“, also e–a–e. Da die Richtigkeit dieses Schlusses durch Rückführung auf „Celarent“ bewiesen wird, läßt man diesen Namen auch mit „C“ beginnen. Also haben wir C–e–a–e. Außerdem führen wir noch einen Buchstaben mit fester Bedeutung ein, und zwar „s“ für conversio *s*implex, d. h. für die einfache (oder vollkommene) Umkehrung. Dieses „s“ wird *dem* Vokal nachgestellt, der die umzukehrende Prämisse bezeichnet, das ist in unserem Fall die erste. Also muß der Name des Modus sich aus der Buchstabenfolge C–e–s–a–e ergeben. Um auch hier eine sprachliche Abrundung zu erreichen, wurde festgelegt, daß der erste Modus der zweiten Figur „Cesare“ heißen soll.

Der zweite Modus. Der zweite Modus der zweiten Figur hat bisher die Form:

PaM
SeM.

Der darin ausgesagte Sachverhalt ist folgender: Nach dem Untersatz haben S und M keine Berührungspunkte. Nach dem Obersatz liegt P ganz in M, im Grenzfalle sind beide gleich. In Kreisen dargestellt ergibt sich wieder ein ähnliches Bild wie bei Fig. 14 und 15 (S. 114), so daß wir auf die Veranschaulichung verzichten können. Der Schlußsatz muß aussagen, daß kein S P ist, also: SeP.

Die Beweisführung stützt sich zunächst auf die „Prämissenvertauschung". Darunter versteht man nach Petrus Hispanus: aus der größeren Prämisse die kleinere machen und umgekehrt (Bochenski LV 1; 248). Nun hängt die Bezeichnung große und kleine Prämisse davon ab, welche Stellung die Begriffe im Schlußsatz haben. Der Begriff, der *Subjekt* des Schlußsatzes ist, ist der kleinere, die Prämisse, in der er steht, also auch die kleine. Entsprechendes gilt für die größere in bezug auf das *Prädikat* des Schlußsatzes. Wenn wir also die Prämissen hinsichtlich groß-klein vertauschen wollen, müssen wir zunächst S und P im Schlußsatz vertauschen, d. h. S zum Prädikat und P zum Subjekt machen. Wenn wir diese Umbenennung aber vollziehen, müssen wir folgerichtig S und P auch in den Prämissen vertauschen und damit – gemäß unserer Konvention – die zweite Prämisse an die erste Stelle und die erste Prämisse an die zweite Stelle setzen. Wir wenden dieses Verfahren auf unseren Fall an: Unser Schluß heißt

$$\begin{array}{c} PaM \\ \underline{SeM} \\ SeP. \end{array}$$

Durch Umbenennung von S in P und P in S ergibt sich

$$\begin{array}{c} SaM \\ \underline{PeM} \\ PeS. \end{array}$$

Die Umbenennung ist selbstverständlich zulässig, da sie ja nur die Symbole, aber nicht die Umfänge der betroffenen Begriffe oder die Beziehungen zwischen ihnen berührt. Nun setzen wir die P-Prämisse an die erste Stelle und erhalten

$$\begin{array}{c} PeM \\ \underline{SaM} \\ PeS. \end{array}$$

Auch diese Maßnahme ändert nichts an der Folgerichtigkeit des Schlusses, da die Prämissen durch „und" verbunden werden und logische und-Verknüpfungen *kommutativ* sind (wie z. B. in der Mathematik $a + b = b + a$). Schließlich brauchen wir nur noch die beiden e-Urteile, also die erste Prämisse und die Konklusio, einfach zu konvertieren (was – wie bekannt – auch zulässig ist) und erhalten

$$\frac{\begin{matrix}\text{MeP}\\ \text{SaM}\end{matrix}}{\text{SeP.}}$$

Das aber ist – vgl. S. 114 – der Schluß „Celarent", der bereits als richtig erwiesen wurde. Damit haben wir den zweiten Modus der zweiten Figur auf „Celarent" zurückgeführt. Der Name dieses Modus muß also auch mit „C" beginnen. Die Vokalfolge ist – wobei wir von der ursprünglichen Prämissenfolge ausgehen müssen – a–e–e. Da beide e-Urteile einfach konvertiert wurden, ist hinter jedes „e" ein „s" zu setzen, so daß sich bis jetzt die Buchstabenfolge C–a–e–s–e–s ergibt. Nun muß aber noch die Prämissenvertauschung kenntlich gemacht werden, und das geschieht durch ein „m" (*m*etathesis praemissarum), dessen Stellung im Merkwort nach Belieben gewählt werden kann. So wurde unter sprachlicher Abrundung der Name dieses Modus mit „Camestres" festgelegt.

Der dritte Modus. Im dritten Modus der zweiten Figur finden wir die Prämissen PeM und SiM. Der Sachverhalt, der hier seinen Ausdruck findet, besagt, daß P und M keinen Berührungspunkt haben und daß einige S M sind. Man verdeutliche sich ihn – falls erforderlich – mittels der Fig. 21 und 22 (S. 116). Es folgt daraus, daß sicher diejenigen S, die M sind, nicht P sind. Der Schlußsatz muß also heißen: einige S sind nicht P (SoP). Der Schluß bekommt damit die Form:

$$\frac{\begin{matrix}\text{PeM}\\ \text{SiM}\end{matrix}}{\text{SoP.}}$$

Beweis: Wir konvertieren den Obersatz einfach, da er ein e-Urteil ist, und erhalten:

$$\frac{\begin{matrix}\text{MeP}\\ \text{SiM}\end{matrix}}{\text{SoP.}}$$

Das aber ist der bereits in der ersten Figur als richtig erwiesene Modus „Ferio". Der Name für den neuen Schluß ergibt sich unter Berücksichtigung des Beweisvorganges zu „Festino".

Der vierte Modus. Dieser Modus schließlich umfaßt die Prämissen PaM und SoM. Da also P völlig im Umkreis von M liegt und da ferner einige S nicht M sind, können diese S, die nicht M sind, auch nicht P sein. Also heißt der Schluß vollständig:

PaM
SoM
―――
SoP.

Auch hier wollen wir, da die Verhältnisse unkompliziert sind, auf eine Darstellung der Kreisfiguren verzichten.

Wir beschränken uns auf den Beweis: Dazu wendet man ein Verfahren an, das den meisten aus der Mathematik als „indirekter Beweis" bekannt sein dürfte. Die Logik nennt es „reductio ad impossibile", Zurückführung auf das Unmögliche. Es gründet in folgendem stoischem Theorem: „Wenn aus Zweien etwas Drittes erschlossen wird, erschließt (auch) eines von den zweien mit dem Gegensatz des Schlußsatzes den Gegensatz des anderen" (Bochenski LV 1; 147). Wenn man hiernach also annimmt, der Schlußsatz sei falsch, mithin sein kontradiktorisches Gegenteil wahr, und führt diese Annahme zusammen mit einer der beiden Prämissen zu einem Widerspruch mit der anderen Prämisse, so ist gezeigt, daß der Schluß richtig ist.

Diese Erklärung wird verständlicher, wenn wir in Anlehnung an Bochenski (LV 1; 78 f.) ein Wortbeispiel betrachten. Der zu beweisende Modus lautet:

I)	PaM	(1)	Alle Athener sind Griechen
	SoM	(2)	Einige Logiker sind nicht Griechen
	SoP	(3)	Einige Logiker sind nicht Athener

Angenommen, der Schlußsatz (3) sei falsch, dann gilt sein kontradiktorischer Gegensatz, also:

SaP (4) Alle Logiker sind Athener

Nun besteht aber die erste Prämisse:

PaM (1) = (5) Alle Athener sind Griechen

Aus (5) und (4) erhält man nach „Barbara":

II) PaM	(5)	Alle Athener sind Griechen
SaP	(4)	Alle Logiker sind Athener
SaM	(6)	Alle Logiker sind Griechen.

Der Schlußsatz (6) im Schluß II) (Barbara) ist kontradiktorisch zur Prämisse (2) im Schluß I). Da diese Prämisse aber nach Annahme wahr ist, denn wir haben ja nur den Schlußsatz (3) als falsch gesetzt, muß der Schlußsatz von II), also (6), verworfen werden. Da aber aus wahren Prämissen bei richtiger consequentia (und „Barbara" ist als richtig erwiesen) notwendig ein wahrer Schlußsatz folgt (vgl. S. 84), muß eine der beiden Prämissen (4) oder (5) falsch sein. (5) stimmt aber mit (1) überein und ist daher nach Annahme wahr. Also kann nur (4) falsch sein. Dann aber ist sein kontradiktorischer Gegensatz (3) wahr, was zu beweisen war.

Wir durchdenken diesen Beweis jetzt noch einmal formal, d. h. ohne Satzbeispiel:

Es ist zu beweisen, daß der Schluß

PaM
SoM
―――
SoP

richtig ist, d. h. daß aus den als wahr angenommenen Prämissen ein wahrer Schlußsatz folgt. Wir nehmen an, der Schlußsatz SoP sei falsch. Dann ist SaP wahr. Aus SaP und PaM folgt nach „Barbara" (mit P als Mittelbegriff) SaM. Das aber steht – in Übereinstimmung mit dem stoischen Theorem – kontradiktorisch zu dem als wahr gesetzten SoM. Mithin muß SaM falsch sein. Da „Barbara" aber richtig ist, muß eine der Prämissen, die folgerichtig zu SaM geführt haben, falsch sein. Da PaM nach Annahme wahr ist, kann nur SaP falsch sein. Dann aber ist sein kontradiktorisches Gegenteil SoP wahr, und damit ist der in Frage stehende Schluß insgesamt richtig.

Man setzt für diese „conversio syllogismi“, durch die der ganze Schluß derart umgekehrt wird, daß man ihn mittels „Barbara“ als richtig erweist, den Kennbuchstaben „c“. Ebenso wie für „m“ ist auch hier keine bestimmte Stelle im Kennwort vorgeschrieben. Unter Berücksichtigung der Vokalfolge und der Rückführung auf „Barbara“ wurde das Merkwort „Baroco“ geprägt.

Zusammenfassung. Damit ist gezeigt, daß für die zweite Figur folgende vier Modi schlüssig sind:

1. Cesare	PeM	Beispiel:	Kein Dreieck ist rund
	SaM		Alle Kreise sind rund
	SeP		Kein Kreis ist ein Dreieck
2. Camestres	PaM		Alle Parteien streben nach Macht
	SeM		Kein Kegelklub strebt nach Macht
	SeP		Kein Kegelklub ist eine Partei
3. Festino	PeM		Kein Sportler ist schwächlich
	SiM		Einige Menschen sind schwächlich
	SoP		Einige Menschen sind keine Sportler
4. Baroco	PaM		Alle Spatzen sind frech
	SoM		Einige Vögel sind nicht frech
	SoP		Einige Vögel sind keine Spatzen.

Bei Betrachtung dieser Modi der zweiten Figur wird man bemerken, daß alle Obersätze allgemein sind, in den Untersätzen alle Formen auftreten und die Schlußsätze stets verneinen.

Die Modi der dritten Figur

Wir hatten gefunden, daß in der dritten Figur der Mittelbegriff M in beiden Prämissen Subjekt ist, so daß die Figur folgendes Aussehen hat:

$$\frac{\begin{array}{c}M\ P\\ M\ S\end{array}}{S\ P.}$$

Nach Ausschaltung unbrauchbarer Modi waren folgende sechs übriggeblieben, deren Schlüssigkeit zu prüfen ist:

MaP MeP MiP MaP MoP MeP
MaS MaS MaS MiS MaS MiS.

Der erste Modus. Dieser Modus sagt durch seine Prämissen, daß M sowohl ganz im Umkreis von P als auch ganz im Umkreis von S liegt. Wie die tatsächlichen Umfänge von S und P sich zueinander verhalten, bleibt offen. Jedoch folgt mit Notwendigkeit, daß S und P die Gemeinsamkeit haben, M zu umfassen. Also sind diejenigen Elemente, die M sind, sowohl S als auch P, d.h.: einige S sind P. Das ergibt den Modus:

MaP
MaS
―――
SiP.

Beweis: Die kleine Prämisse wird teilweise (akzidentell) umgekehrt, wie das oben (S. 63) für a-Urteile als gültig erwiesen wurde: Dadurch bekommt der Schluß die Form:

MaP
SiM
―――
SiP.

Diese entspricht dem Modus „Darii", womit seine Richtigkeit bewiesen ist. Die akzidentelle Umkehrung (conversio *p*er accidens) wird durch den Buchstaben „p" kenntlich gemacht. Man setzt ihn hinter die umzukehrende Prämisse. Daher wählte man für diesen Schluß das Merkwort „Darapti".

Ein anderer, wahrscheinlich schon von Aristoteles benutzter Beweis ist der durch „Heraushebung": Wenn P für *alle* M gilt, so gilt es auch für ein ganz bestimmtes M. Für dieses bestimmte M gilt aber auch S. Also gibt es mindestens einen Gegenstand, von dem S und P gemeinsam ausgesagt werden können. Indem ich das M-sein dieses Gegenstandes vernachlässige, kann ich sagen: ein Gegenstand, der S ist, ist auch P, oder kürzer: ein S ist P. Diese „Heraushebung" ist im Grunde identisch mit unserer

Darstellung von Punktmengen durch Kreisfiguren. Wir erwähnen sie deshalb bei den einzelnen Beweisen nicht besonders.

Der zweite Modus. Nach der ersten Prämisse dieses Modus haben M und P keinen Berührungspunkt, während nach der zweiten M völlig unter den Umfang von S fällt. Da über den weiteren Umfang von S und P nichts bekannt ist, steht lediglich fest, daß diejenigen S, die M sind, nicht P sind. Der Schluß muß daher lauten:

MeP
MaS
―――
SoP.

Beweis: Durch akzidentelle Umkehrung der kleinen Prämisse ergibt sich die Form des Modus „Ferio“:

MeP
SiM
―――
SoP.

Als Merkwort hat man „Felapton“ festgelegt.

Der dritte Modus. Der dritte Modus der dritten Figur sagt, daß einige M P sind, und daß alle M unter S fallen. Zumindest diejenigen S also, die sich auf jene M erstrecken, für die auch P gilt, sind P. Zur Veranschaulichung diene das nachstehende Beispiel. Der Schluß heißt daher:

MiP
MaS
―――
SiP.

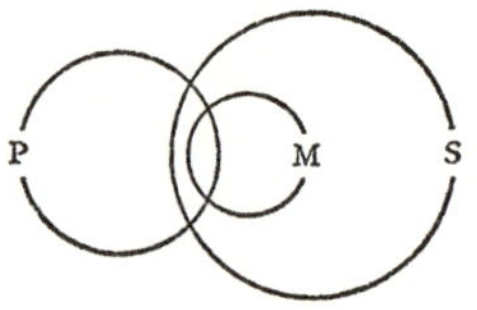

Fig. 23

Die traditionelle Logik führte den Beweis durch Prämissenvertauschung. Man vgl. die Darstellung beim zweiten Modus der zweiten Figur. Wir erhalten hiernach

$$\begin{array}{l} MaP \\ \underline{MiS} \\ PiS. \end{array}$$

Dann werden die beiden i-Urteile noch einfach konvertiert, so daß sich ergibt:

$$\begin{array}{l} MaP \\ \underline{SiM} \\ SiP. \end{array}$$

Das aber ist der Modus „Darii", wodurch die Schlüssigkeit unseres Modus bewiesen ist. Der Name muß also mit „D" beginnen, die Vokalfolge ist i–a–i, hinter jedem „i" muß ein „s" stehen, und außerdem muß das Wort ein „m" enthalten. Somit ergab sich das Merkwort „Disamis".

Der vierte Modus. Im vierten Modus finden wir die Prämissen MaP und MiS, d. h. alle M sind P und einige M sind S. Daraus folgt, daß diejenigen S, die M sind, auch P sind. Also heißt der Schluß:

$$\begin{array}{l} MaP \\ \underline{MiS} \\ SiP. \end{array}$$

Beweis: Durch einfache Umkehrung der kleinen Prämisse ergibt sich „Darii". Der Name des Schlusses wurde bestimmt zu „Datisi".

Der fünfte Modus. Die erste Prämisse (MoP) sagt, daß einige M nicht P sind, die zweite (MaS), daß alle M S sind. Mithin sind einige S zwar M, aber nicht P. Also heißt der Schlußsatz SoP. Das kann man sich leicht durch Kreisfiguren veranschaulichen oder – was dasselbe ist – durch „Heraushebung", indem man ein ganz bestimmtes M ins Auge faßt, das zwar S aber nicht P ist. Der formale Beweis führt über die „reductio ad impossibile".

Man vergleiche hierzu zunächst die Beweisführung für den vierten Modus der zweiten Figur. Wir wollen zeigen, daß der Schluß

MoP
MaS
―――
SoP

richtig ist. Unter der Annahme, der Schlußsatz sei falsch, folgt SaP. Aus den Prämissen SaP und MaS folgt nach „Barbara" MaP, wobei „S" Mittelbegriff ist. MaP steht aber kontradiktorisch zu der als „wahr" gesetzten Prämisse MoP. Also müssen, da „Barbara" richtig ist, entweder MaS oder SaP falsch sein. MaS ist aber nach Annahme wahr, also kann nur SaP falsch sein. Dann aber ist SoP wahr und der Schluß insgesamt richtig.

Hinsichtlich der Benennung gilt: Der Anfangsbuchstabe muß „B" sein wegen der Rückführung auf „Barbara", die Vokalfolge ist o–a–o, die indirekte Beweisführung wird durch ein „c" gekennzeichnet. Wir erhalten das Merkwort „Bocardo".

Der sechste Modus. Der sechste Modus hat die Prämissen MeP und MiS. Wenn kein M P ist und einige M S sind, dann müssen diejenigen S, die in M fallen, nicht P sein. Also ergibt sich:

MeP
MiS
―――
SoP.

Beweis: Einfache Umkehrung der kleinen Prämisse führt zu „Ferio". Der Name dieses Schlusses ist „Ferison".

Zusammenfassung. Somit haben wir für die dritte Figur folgende Modi als richtig erwiesen:

1.	MaP	Alle Menschen sind Individuen
	MaS	Alle Menschen sind Lebewesen
	SiP	Einige Lebewesen sind Individuen
2.	MeP	Kein Tier ist vernünftig
	MaS	Alle Tiere sind Sinneswesen
	SoP	Einige Sinneswesen sind nicht vernünftig

3. MiP Einige Sterne sind Fixsterne
MaS Alle Sterne sind Himmelskörper
SiP Einige Himmelskörper sind Fixsterne

4. MaP Alle Wähler sind Volljährige
MiS Einige Wähler sind Frauen
SiP Einige Frauen sind Volljährige

5. MoP Einige Menschen sind keine Mathematiker
MaS Alle Menschen sind Sterbliche
SoP Einige Sterbliche sind keine Mathematiker

6. MeP Kein Sänger ist ein Raucher
MiS Einige Sänger sind Italiener
SoP Einige Italiener sind keine Raucher

Die Modi der dritten Figur zeigen im Obersatz alle Kombinationen von Quantität und Qualität, der Untersatz ist stets bejahend, der Schlußsatz stets partikulär.

Die Modi der vierten Figur

In der letzten Figur, die hier zu untersuchen ist, erscheint M in der großen Prämisse als Prädikat und in der kleinen als Subjekt. Nach Ausschaltung unbrauchbarer Modi waren folgende Prämissenkombinationen übriggeblieben:

PaM PaM PiM PeM PeM
MaS MeS MaS MaS MiS.

Wir prüfen ihre Schlüssigkeit und legen die Schlußsätze fest.

Der erste Modus. Nach PaM fällt P völlig unter den Umkreis von M, nach MaS sind alle M S, mithin folgt, daß alle P S sind, also PaS. Wenn aber alle P S sind, so sind wenigstens einige S P, wodurch SiP entsteht. Somit gilt der Satz:

PaM
MaS
SiP.

Beweis: Der Schluß wird durch Prämissenvertauschung und Umkehr des Schlußsatzes auf „Barbara" zurückgeführt, wobei der Schlußsatz aber abgeschwächt ist (vgl. auch S. 132 den Schluß „Barbari"). Wir wollen auf eine Darstellung im einzelnen verzichten. Das Merkwort ist „Bamalip" (mit abgeschwächter conversio des Schlußsatzes).

Der zweite Modus. Aus PaM und MeS ergibt sich: alle P sind M, M und S haben keinen Berührungspunkt, also kann auch kein S P sein:

$$\begin{array}{c} \text{PaM} \\ \underline{\text{MeS}} \\ \text{SeP.} \end{array}$$

Hier läßt sich unter Prämissenvertauschung und einfacher Umkehrung des Schlußsatzes die Richtigkeit des Schlusses durch Reduktion auf „Celarent" beweisen. Der Name ist „Calemes".

Der dritte Modus. Nach dem dritten Modus der vierten Figur sind einige P M, alle M S, und daher einige S P:

$$\begin{array}{c} \text{PiM} \\ \underline{\text{MaS}} \\ \text{SiP.} \end{array}$$

Der Schluß kann durch Prämissenvertauschung und Umkehr des Schlußsatzes auf „Darii" zurückgeführt werden. Sein Name ist „Dimaris".

Der vierte Modus. Im vierten Modus folgt aus: Kein P ist M und alle M sind S: einige S sind nicht P:

$$\begin{array}{c} \text{PeM} \\ \underline{\text{MaS}} \\ \text{SoP.} \end{array}$$

Wird die erste Prämisse einfach, die zweite akzidentell umgekehrt, so ergibt sich „Ferio". Also ist der Schluß richtig. Er heißt „Fesapo".

Der fünfte Modus. Wenn kein P M ist und einige M S sind, dann sind einige S nicht P:

PeM
MiS
———
SoP.

Durch einfache Umkehrung beider Prämissen erhält man „Ferio". Der Schluß heißt daher: „Fresison".

Zusammenfassung. Für die vierte Figur haben wir folgende Modi als schlüssig nachgewiesen:

1. PaM	2. PaM	3. PiM	4. PeM	5. PeM
MaS	MeS	MaS	MaS	MiS
SiP	SeP	SiP	SoP	SoP.

Besondere Gesetzmäßigkeiten lassen sich in ihnen nicht nachweisen.

Wenn wir versuchen, die fünf Modi durch Wortbeispiele zu verdeutlichen, so zeigt sich zumindest in einigen Fällen das gewaltsam Formale dieser Figur. Auch aus diesem Grunde hat man die vierte Figur lange Zeit unbeachtet gelassen.

1. Alle Autofahrer sind Steuerzahler
   Alle Steuerzahler sind unglücklich
   Einige Unglückliche sind Autofahrer

2. Alle Kultusminister sind Weise
   Kein Weiser ist Dogmatiker
   Kein Dogmatiker ist Kultusminister

3. Einige Tiere sind Lämmer
   Alle Lämmer sind Schafe
   Einige Schafe sind Tiere

4. Kein Dreieck ist ein Kreis
   Alle Kreise sind Figuren
   Einige Figuren sind nicht Dreiecke

5. Kein Sänger ist taub
   Einige Taube sind stumm
   Einige Stumme sind keine Sänger.

Weitere Schlußformen

Man hat – schon seit antiker Zeit – noch weitere Schlußformen aufgestellt, über die im einzelnen Bochenski informiert. Wir erwähnen hier nur:

a) solche, die durch Abschwächung des Schlußsatzes entstehen, wie z. B.:

1. Barbari:

MaP
SaM
―――
SiP.

Das ist „Barbara“ mit abgeschwächtem Schlußsatz. Daß diese Abschwächung zulässig ist, entspricht der Regel der Subalternation.

2. Celaront:

MeP
SaM
―――
SoP.

Hier handelt es sich um „Celarent“ mit abgeschwächtem Schlußsatz.

3. Cesaro:

PeM
SaM
―――
SoP.

Auch dieser Schluß entspricht „Celarent“, wobei neben der Abschwächung des Schlußsatzes die erste Prämisse einfach konvertiert ist.

b) die sogenannten „indirekten Syllogismen“ der ersten Aristotelischen Figur, die dadurch entstehen, daß man in dieser Figur dem S die größere, dem P die kleinere Ausdehnung gibt (d. h. in den Prämissen S und M vertauscht):

MS
PM
―――
SP.

Man erkennt hier die vierte Figur, nur mit vertauschtem Ober- und Untersatz. Selbstverständlich kann der Schlußsatz, wenn S größer als P ist, niemals ein a-Urteil sein, was ja auch in der vierten Figur nicht der Fall ist. Wir gehen aus von den dort als richtig erwiesenen Modi und erhalten (was hier ohne Beweis dargestellt sei):

1. Baralipton: MaS
$\underline{\text{PaM}}$
SiP.

2. Celantes: MeS
$\underline{\text{PaM}}$
SeP.

3. Dabitis: MaS
$\underline{\text{PiM}}$
SiP.

4. Fapesmo: MaS
$\underline{\text{PeM}}$
SoP.

5. Frisesomorum: MiS
$\underline{\text{PeM}}$
SoP.

Das sind noch nicht alle im Laufe der Logikgeschichte erdachten und benannten Schlüsse, wir wollen uns aber damit begnügen. Sie sind ein Hinweis auf die Scharfsinnigkeit und Formalisierungsfreude, mit der die alten Philosophen die logischen Probleme zu lösen versuchten. Seit den Arbeiten des englischen Logikers De Morgan († 1871) sind in der systematischen Ableitung der schlüssigen Modi erfolgreich neue Wege beschritten worden. Ihre Erörterung gehört aber in den Bereich der mathematischen Logik.

Einwände gegen die kategorische Syllogistik

Allerdings gibt es auch Einwände gegen die bisher dargestellte kategorische Syllogistik. Zwei von ihnen wollen wir kurz erörtern:

Der *erste Einwand* bemängelt, daß in den Schlußfiguren in unzulässiger Weise Prädikat- und Subjektbegriffe vertauscht werden. So sei in der ersten Figur M im Obersatz Subjekt, im Untersatz Prädikat. Das könne etwa zu folgendem Fehlschluß verleiten:

Gelb ist eine Farbe
Schwefel ist gelb
Schwefel ist eine Farbe.

Es sei daher eine unzulässige Forderung, wenn man verlangt, der M-Begriff des Obersatzes müsse mit dem des Untersatzes identisch ein.

Gegen diesen Einwand ist zu sagen, daß sich die Forderung der Identität des M-Begriffs nicht auf dessen verbale Gestalt, sondern auf die Bedeutung des Begriffs bezieht. In dem als Beispiel genannten Schluß liegt in dieser Hinsicht keine Identität vor, weil im Obersatz „Gelb" als selbständiger Artbegriff, im Untersatz als Attribut eines Gegenstandes genommen wird.

Verwendet man den M-Begriff im Ober- und Untersatz in gegenständlicher Bedeutung, so ergibt sich als Beispiel folgender richtiger Schluß:

Alles Gelbe ist etwas Farbiges
Schwefel ist gelb
Schwefel ist etwas Farbiges.

Richtig ist der Schluß auch, wenn „Gelb" im Ober- und Untersatz als Artbegriff genommen wird, wie dieses Beispiel zeigt:

Gelb ist eine Farbe
Farben sind Qualitäten
Gelb ist eine Qualität.

Entscheidend also ist – und das gilt für alle in einem Schluß verwendeten Begriffe – die Beibehaltung seiner Bedeutung.

Der *zweite Einwand* zielt darauf, daß im Obersatz der ersten und damit grundlegenden Figur stets ein allgemeines Urteil steht. Das, so sagt man, umfasse bereits den Schlußsatz mit und setze insbesondere dessen Wahrheit voraus, wenn es selbst wahr sein wolle. Es werde also im Syllogismus gar nichts erschlossen, sondern nur eine Entfaltung des Obersatzes vorgenommen.

Dieser Einwand verkennt zunächst einmal das Anliegen der Logik überhaupt. Wir hatten schon oben darauf hingewiesen, daß die Logik unter formalem Gesichtspunkt unsere Denkinhalte untersucht. Ob und inwieweit dahinter Erkenntnis steht, ist zunächst für sie sekundär. Nur deshalb kann man ja sagen, ein Schluß aus falschen Prämissen auf eine falsche Conclusio könne folgerichtig sein, und auch nur deshalb kann man einen Satz mit vollständiger Disjunktion als sinnvolles Urteil ansprechen.

Wenn wir also im Schluß eine Denkbewegung unter logischem Gesichtspunkt betrachten, so ist es unerheblich, ob man aus erkenntnistheoretischer oder ontologischer Sicht bemerkt, es handele sich hierbei lediglich um eine Analyse, nicht aber um eine die Erkenntnis fördernde Synthese. Daß in tieferen Zusammenhängen auch logische Einsichten erkenntnisfördernd sind, brauchen wir hier nicht weiter auszuführen.

Somit ist es aber auch kein logisches Problem, wie man überhaupt zu einem allgemeinen Obersatz kommen kann. Induktion führt, wie wir wissen, niemals zu absoluter Allgemeingültigkeit. Hat man aber ein allgemeingültiges Urteil, dann kann man aus ihm Aussagen über das Besondere deduzieren. In der Regel wird es sich bei den Allgemeinurteilen entweder um Definitionen („Alle Ionen sind Ladungsträger") oder um Setzungen („Diebstahl ist strafbar") oder um mit beliebig großer Häufigkeit geprüfte Naturgesetze („Alle Massen zeigen Gravitationswirkung") handeln.

Aber wenn wir nun einen allgemeinen Satz haben, wie z. B. „Alle Eisenrohre rosten", so steckt doch in dieser Aussage noch nicht das Urteil „Alle Rohre dieses Hauses rosten". Denn um zu diesem Schlußsatz zu kommen, muß zu dem Obersatz noch ein weiteres Urteil hinzutreten, nämlich „Alle Rohre dieses Hauses sind Eisenrohre“. Erst wenn das bekannt und ausgesagt ist, ergibt sich der zwingende Schluß: sie rosten. Ebensowenig steckt in dem Urteil „Kein Wissenschaftler ist ein Müßiggänger“ das Urteil „Kein Logiker ist ein Müßiggänger“. Vielmehr muß erst durch ein Definitionsurteil festgelegt sein, daß der Logiker ein Wissenschaftler ist. Einen Astrologen z. B. wird man heute kaum noch als Wissenschaftler bezeichnen. Betrachten wir die erste Aristotelische Figur unter diesem Gesichtspunkt, so werden wir finden, daß der Schlußsatz doch etwas erschließt, das in den Prämissen je für sich nicht enthalten ist. Erst die logisch vollzogene Konjunktion beider Prämissen führt zu der neuen Einsicht.

Dann allerdings, nämlich wenn wir die Prämissen verbinden, kann man sagen, der Schlußsatz ist in ihnen enthalten. Sonst handelte es sich ja auch nicht um eine Deduktion. Das wußten schon stoische Logiker, als sie das folgende Theorem aufstellten: „Falls wir die einen Schlußsatz erschließenden Prämissen haben, dann haben wir potentiell auch diesen Schlußsatz in diesen (Prämissen), auch wenn er nicht ausdrücklich ausgesagt wird.“ (Bochenski LV 1; 148)

Schlußkette und Kettenschluß

Kategorische Schlüsse müssen – wie wir wissen – nicht unbedingt aus nur drei Urteilen bestehen. Insbesondere lassen sie sich aneinanderreihen. Geschieht das derart, daß der Schlußsatz des ersten zum Obersatz des zweiten Syllogismus wird, so spricht man von einer Schlußkette.

Beispiel:
$$\begin{array}{l} \text{MaP} \\ \underline{\text{SaM}} \\ \text{SaP} \\ \underline{\text{QaS}} \\ \text{QaP} \\ \underline{\text{RaQ}} \\ \text{RaP.} \end{array}$$

Man kann auch Urteile anderer Qualität und Quantität einarbeiten.

Werden aber Urteile so zusammengeschlossen, daß das Prädikat des vorhergehenden zum Subjekt des nachfolgenden wird, und verbindet der Schlußsatz das Subjekt der ersten Prämisse mit dem Prädikat der letzten, so entsteht ein Kettenschluß (Sorites).

Beispiel: RaQ
QaS
SaM
MaP
―――
RaP.

Dieses Verfahren, das auf „Barbara" beschränkt ist, ist eine Abkürzung für folgende Kette:

RaQ
QaS
―――
RaS
SaM
―――
RaM
MaP
―――
RaP.

Hypothetische Schlüsse

Bei den bisher betrachteten Schlüssen sind wir stets von kategorischen Urteilen ausgegangen. Aber auch andere Relationen, d. h. hypothetische und disjunktive Urteile, führen zu gültigen Schlüssen. Wir betrachten zunächst die hypothetischen.

Dabei ist zu unterscheiden zwischen rein hypothetischen und gemischt hypothetischen Schlüssen. Ein rein hypothetischer Schluß liegt vor, wenn beide Prämissen (oder alle Prämissen) hypothetische Urteile sind. Das kann auf unterschiedliche Weise der Fall sein:

1. M ist P, falls Q R ist
S ist M, falls T U ist
―――
S ist P, falls Q R und T U ist.

Hier ist bemerkenswert, daß sich die hypothetischen Urteile, von den Bedingungen abgesehen, wie die kategorischen Urteile verhalten. Fügt man dem Schlußsatz beide Bedingungen an, so ist der Schluß richtig.

Beispiel:
Alle Autofahrer sind glückliche Menschen, falls die Straßenverkehrsordnung gut ist;
alle Studenten sind Autofahrer, falls sie sich ein Auto leisten können;
Alle Studenten sind glückliche Menschen, falls die Straßenverkehrsordnung gut ist und sie sich ein Auto leisten können.

2. Q ist R, falls T U ist
S ist P, falls Q R ist
S ist P, falls T U ist.

In diesem Falle sind die beiden hypothetischen Urteile derart verschachtelt, daß das Bedingte der einen Prämisse Bedingung der anderen ist. Ähnlich wie der Mittelbegriff im kategorischen Syllogismus, fällt hier das Teilurteil, das sowohl Bedingung als auch Bedingtes ist, im Schlußsatz fort. Man kann die Ketten beliebig lang konstruieren.

Beispiel:
Eckart ist brav, falls Martha zu Hause ist;
Horst geht zum Kegeln, falls Eckart brav ist;
Horst geht zum Kegeln, falls Martha zu Hause ist.

Ein gemischt hypothetischer Schluß liegt dann vor, wenn die eine Prämisse hypothetisch, die andere kategorisch ist. Auch hier müssen wir zwei Fälle unterscheiden:

1. S ist P, falls Q R ist
Q ist R
S ist P.

Hier wird das Dasein der Bedingung (Q ist R) kategorisch ausgesagt. Also muß auch das Bedingte sein, denn wir haben schon oben (S. 36ff.) festgelegt, daß die Bedingung für das Bedingte hinreichend ist. Also kann man aus dem Dasein der Bedingung auf das Dasein des Bedingten schließen. Dieser Schluß wird oft *Abtrennungsregel* oder modus ponens genannt.

Beispiel:
Sokrates ist glücklich, falls Xanthippe verreist;
Xanthippe verreist;
Sokrates ist glücklich.

2. S ist P, falls Q R ist
S ist nicht P
Q ist nicht R.

Es wird kategorisch ausgesagt, daß das Bedingte nicht ist (S ist nicht P). Mithin kann auch die Bedingung nicht sein (Q kann nicht R sein). Aus dem Nichtdasein des Bedingten darf man auf das Nichtdasein der Bedingung schließen. Dieser Schluß heißt auch *Widerlegungsregel* oder modus tollens.

Beispiel:
Die Straße ist naß, falls es regnet;
Die Straße ist nicht naß;
Es regnet nicht.

Im folgerichtigen Schluß ist also die Bedingung hinreichend für das Bedingte, jedoch nicht notwendig, das Bedingte andererseits für die Bedingung notwendig, doch nicht hinreichend. Verändert man diese Relation, so ist der Schluß logisch nicht folgerichtig, wie das beim sogenannten *reduktiven Schließen* der Fall ist. Ein Reduktionsschluß lautet z. B.

Falls A, dann B
nun aber B
also A.

Dieser Schluß ist logisch falsch. In der Gestalt der Induktion findet er aber in den Naturwissenschaften verbreitete Anwendung:
Falls alles Eisen rostet, dann rosten auch die Stücke A, B, C ... N.
Die Stücke A, B, C, ... N rosten
Also rostet alles Eisen.

Disjunktive Schlüsse

Auch bei den disjunktiven Schlüssen müssen wir – wie bei den hypothetischen – unterscheiden zwischen reinen und gemischten. Rein disjunktiv ist ein Schluß, dessen beide (bzw. alle) Prämissen disjunktive Urteile sind. Damit hier aber überhaupt folgerichtig geschlossen werden kann, d. h. damit die beiden Prämissenaussagen eine Gemeinsamkeit haben und nicht völlig aneinander vorbei zielen, muß die zweite Prämisse etwas über einen Teil des disjunktiven Obersatzes aussagen:

S ist P oder Q
P ist T oder U
S ist Q oder T oder U.

Gemischt disjunktive Schlüsse enthalten ein disjunktives und ein kategorisches Urteil. Das kann auf zwei verschiedene Weisen der Fall sein:

1. Der Untersatz bejaht eine der vom Obersatz disjungierten Prädikatsbestimmtheiten, dann verneint der Schlußsatz alle anderen Glieder der Disjunktion:

S ist P oder Q oder R
S ist P
S ist nicht Q und nicht R.

2. Der Untersatz verneint alle vom Obersatz disjungierten Prädikatsbestimmtheiten bis auf eine, dann wird diese vom Schlußsatz kategorisch ausgesagt:

S ist P oder Q oder R
S ist nicht P und nicht Q
S ist R.

Weitere Relationsschlüsse

Zu den Relationsschlüssen gehören schließlich noch solche, die sich auf bestimmte ontische Sachverhalte beziehen, und zwar auf jene, bei denen das Relationsverhältnis „asymmetrisch" ist, d. h. von jedem Relat aus gesehen einen entgegengesetzten (oder zumindest abweichenden) Sinn hat. Hier kann man nun nicht rein formal schließen, sondern muß den Sachverhalt, der bei einer Urteilsverknüpfung intendiert wird, selbst sprechen lassen. So kann man z. B. die „größer als"-Relation nicht einfach in die vierte Figur einsetzen, wie dieses Beispiel zeigt:

Alle P sind größer als M
Alle M sind größer als S
Einige S sind größer als P – ein offensichtlich falscher Schluß.

Das gilt – wovon man sich leicht überzeugen kann – für Schlüsse mit Prämissen, die „größer – kleiner", „rechts – links", „früher – später", „Teil von – enthält sich in", „Ursache – Wirkung", „Vater – Sohn" usw. enthalten (vgl. den relativen Gegensatz oben S. 23).

Gleiches trifft auf die sogenannten „intentionalen" Relationen zu, wie liebt, erstrebt, begehrt, zielt auf usw. Wollte man in diesen Fällen rein formal schließen, so würde sich z. B. – wie Pfänder sagt (LV 20; 353) – folgender Fehlschluß ergeben:

S liebt M
M liebt P
S liebt P.

Die mathematische Logik behandelt Fälle dieser Art als geordnete Paare, Tripel usw., jedoch auch in Anlehnung an ontische Verhalte.

Modalitäten der Schlüsse

In allen bisher betrachteten Schlüssen war nicht von den Modalitäten die Rede, d. h. wir haben die in den Syllogismen enthaltenen Urteile stillschweigend als assertorische angesehen. Allerdings müssen wir uns darüber im klaren sein, daß der Schlußsatz mit logischer Notwendigkeit gefolgert wird. Das bedeutet nicht, daß der Schlußsatz eine ontologische Notwendigkeit aussprechen müsse, ja er braucht für sich genommen auch keine Denknotwendigkeit zu beinhalten. Als Deductum aus den Prämissen aber ist er etwas Notwendiges.

Das gilt nicht nur für Schlußsätze, die aus apodiktischen Prämissen folgen, sondern auch für solche aus assertorischen und sogar aus problematischen Prämissenurteilen. Wir können also z. B. sagen: „Falls es möglich ist, daß alle M P sind, und falls es möglich ist, daß alle S M sind, dann folgt notwendig die Möglichkeit, daß alle S P sind." Nun kann man sich darüber streiten, ob dieser Schlußsatz apodiktisch oder problematisch ist. Ich würde meinen: er ist logisch apodiktisch, ontologisch problematisch. Er wäre dann ein Beispiel dafür, daß ontologische und logische Modalitäten nicht übereinzustimmen brauchen. Wir wollen zusammenfassend festhalten: Ein folgerichtiger Schluß führt immer zu einem logisch notwendigen Urteil, auch wenn die Prämissen – logisch und/oder ontologisch – andere Modalitäten haben.

Der Analogieschluß

Auf wenigstens einer unsicheren Prämisse ruht der Analogieschluß. Im allgemeinen gründet Analogie in Ähnlichkeit. Das Mittelalter kannte die sogenannte Seinsanalogie, die einen Analogieschluß vom Sein der Geschöpfe auf das Sein des Schöpfers ermöglichte. Dazu trat später die Analogie des Seienden, der Strukturen, wie Fr. Dessauer sagt (LV 3). Sie wurde Grundlage der Analogieschlüsse zwischen den Schichten der Wirklichkeit und wurde von Naturwissenschaftlern oft mit Erfolg angewandt.

Logisch gesehen ist der Analogieschluß nicht folgerichtig:

A ist B
C ist ähnlich A
———————
C ist B.

Es versteht sich daher von selbst, daß die Analogie niemals aus logischer Konsequenz, sondern allein aus ontischen Sachverhalten resultieren kann. Dabei ist entscheidend, daß die Ähnlichkeit zwischen C und A im Hinblick auf dasjenige Merkmal besteht, das zureichender Grund dafür ist, daß A B ist.

Schlußbemerkung

Der Leser hat in den vorangegangenen Kapiteln eine Vielzahl logischer Fachausdrücke und mancherlei logischer Probleme kennengelernt. Er hat auch durch die Verwendung der Kreisfiguren (Euler-Diagramme), durch Einführung der Begriffe „Menge“ und „Element“ und durch Übung des formalistischen Denkens gute Voraussetzungen gewonnen, um sich nun in fundierter Weise den neueren Entwicklungen in der mathematischen Logik und in der Theorie der Wissenschaften zuwenden zu können. Auf diese Notwendigkeit für jeden, der an wissenschaftlichen Fragen interessiert ist, wurde wiederholt hingewiesen. Doch sollte auch schon die vorliegende Arbeit einen Beitrag leisten zur Darstellung der Erkenntnissituation des Menschen, die irgendwo zwischen Wissen und Nichtwissen, zwischen Sicherheit und Unsicherheit, zwischen Vertrauen und Zweifel angesetzt ist.

LITERATURVERZEICHNIS

1 Bochenski, J. M.: Formale Logik, 2. Aufl. Alber Freiburg–München 1962. Das Werk des Fribourger Philosophen ist eine Fundgrube für alle, die an der historischen Entwicklung der Logik interessiert sind. Seine Lektüre setzt Grundkenntnisse der Logik voraus.

1a Bochenski, J. M.: Die zeitgenössischen Denkmethoden; Dalp-Taschenbuch Bd. 304 D; 4. Aufl. Bern u. München 1969. Zur Einführung in erkenntnistheoretisch-methodologische Gegenwartsprobleme sehr geeignet.

2 Dapunt, Inge (Bludenz): Was heißt es, daß ein logisches System „Existential Import" besitzt oder eine Existenzvoraussetzung macht? Philosophia Naturalis, Meisenheim/Gl. Bd. 11, Heft 2, 1969. Für Fortgeschrittene.

3 Dessauer, Friedrich: Auf den Spuren der Unendlichkeit, Knecht Frankfurt/M., 2. Aufl. 1958. Eine kleine Schrift des verstorbenen Philosophen, Naturwissenschaftlers und Technikers.

4 Essler, Wilhelm K.: Einführung in die Logik, Kröners Taschenausgabe Bd. 281, Stuttgart 1966. Trotz des einführenden Charakters enthält das Buch für den Anfänger einige Schwierigkeiten.

5 Fischl, Johann: Logik, 2. Aufl. Styria Graz–Wien–Altötting 1952. Das Buch des Grazer Philosophen dient dem Anfänger zur ersten Orientierung in der Verballogik.

6 Freudenthal, Hans: Einführung in die Sprache der Logik, 2. Aufl. Oldenbourg München–Wien 1968. Der Utrechter Mathematiker führt in verständlicher Form in die mathematische Logik ein.

7 Frey, Gerhard: Die Mathematisierung unserer Welt, Kohlhammer Stuttgart–Berlin–Köln–Mainz 1967 (Urban-Buch 105). Der Innsbrucker Philosoph informiert über wissenschaftstheoretische Probleme.

8 Baron von Freytag-Löringhoff, Bruno: Logik, 3. Aufl Kohlhammer, Stuttgart 1955 (Urban-Buch Nr. 16). Der Tübinger Philosoph befaßt sich vor allem mit dem Verhältnis der Logik zur Logistik.

9 GÜNTHER, Gotthard: Das Bewußtsein der Maschinen – Eine Metaphysik der Kybernetik, Baden-Baden/Krefeld 1963. Das Buch des in Amerika lebenden Wissenschaftlers ist für Anfänger etwas schwierig.

10 HARBECK, Gerd: Einführung in die formale Logik, 2. Aufl. Vieweg, Braunschweig 1966. Das aus einer Arbeitsgemeinschaft mit Primanern entstandene kleine Buch führt verständlich in die mathematische Logik ein.

11 HERMES, Hans: Einführung in die mathematische Logik, Teubner Stuttgart 1963. Ein für Fortgeschrittene geeignetes Buch des Freiburger Philosophen und Mathematikers.

12 HÜBNER, Kurt: Theorie und Empirie; Philosophia Naturalis Bd. 10 Heft 2, 1968. Eine wissenschaftstheoretische Arbeit des Berliner Kybernetikers. Zum weiterführenden Studium.

13 KAMLAH, Wilhelm und LORENZEN, Paul: Logische Propädeutik – BI-Hochschultaschenbücher 227/227a, Mannheim 1967. Die beiden Erlanger Wissenschaftler führen den Leser in gut verständlicher Form zu exaktem Denken und Reden.

14 KANT, Immanuel: Kritik der reinen Vernunft, Ausgabe Meiner, Hamburg 1956.

15 KAULBACH, Friedrich: Philosophie der Beschreibung, Böhlau Köln-Graz 1968. Das Werk des Münsteraner Philosophen untersucht mit ständigem Blick auf philosophiegeschichtliche Probleme die Bedingungen, unter denen wissenschaftliche Grundlagenforschung möglich ist.

16 KREMMETER, A. F.: Grenzen und Begrenztheit unserer Wirklichkeitserkenntnis; Philosophia Naturalis Bd. 10 Heft 3, 1968. Eine wissenschaftstheoretische Untersuchung des Münchner Philosophen.

17 LEINFELLNER, Werner: Einführung in die Erkenntnis- und Wissenschaftstheorie, BI-Hochschultaschenbücher Bd. 41/41 a, 2. Aufl. Mannheim 1967. Das Buch dient dem weiterführenden Studium.

18 LORENZEN, Paul: Formale Logik; Walter de Gruyter Berlin, Göschen Band 1176/1176 a. Eine zusammenfassende, daher etwas Übung voraussetzende Darstellung des Erlanger Logikers.

19 MOST, Otto: Vorlesungen über Erkenntnistheorie und Logik (Sommersemester 1960), herausgegeben von J. Rathofer. Die Nachschrift der Vorlesungen des verstorbenen Münsteraner Philosophen ist nicht im Handel und war nur für seine Hörer bestimmt.

20 PFÄNDER, Alexander: Logik, 3. Aufl. Niemeyer Tübingen 1963. Dieses erstmals 1921 erschienene Werk des verstorbenen Münchner Philosophen ist geeignet für Leser, die sich intensiver mit der Verballogik beschäftigen möchten.

21 RENSCH, Bernhard: Biophilosophie auf erkenntnistheoretischer Grundlage; Gustav Fischer Stuttgart 1968. Der Münsteraner Zoologe vertritt einen panpsychistischen Identismus.

22 SEIFFERT, Helmut: Einführung in die Wissenschaftstheorie; C. H. Beck München 1969. (Becksche Schwarze Reihe Bd. 60). Diese Einführung ist so verständlich gehalten, daß sie auch dem Anfänger einen Weg zum Verständnis wissenschaftstheoretischer Probleme zeigt. Der Autor ist Assistent an der Universität Erlangen–Nürnberg.

23 SINOWJEW, A. A.: Über mehrwertige Logik; Deutscher Verlag der Wissenschaften Berlin, Vieweg & Sohn Braunschweig, C. F. Wintersche Verlagsbuchhandlung Basel, 1968. Der sowjetrussische Logiker gibt einen Überblick über Probleme mehrwertiger Logik. Das Buch erfordert Vorkenntnisse.

24 STEGMÜLLER, Wolfgang: Hauptströmungen der Gegenwartsphilosophie; Alfred Kröner Stuttgart, Kröners Taschenausgabe Bd. 308. Ein besserer Überblick über die philosophischen Probleme der Gegenwart ist nicht zu gewinnen als in diesem Buch des Münchner Philosophen.

25 STEGMÜLLER, Wolfgang: Probleme und Resultate der Wissenschaftstheorie und Analytischen Philosophie; Springer Berlin-Heidelberg-New York 1969. Für Fortgeschrittene.

26 STEINBUCH, Karl: Falsch programmiert; Deutsche Verlagsanstalt Stuttgart 1968. Der Karlsruher Kybernetiker unterzieht unsere Gesellschaft einer kritischen Analyse.

27 STROMBACH, Werner: Natur und Ordnung; C. H. Beck München 1968, Becksche Schwarze Reihe Bd. 53. Eine naturphilosophische Deutung des wissenschaftlichen Welt- und Menschenbildes unserer Zeit.

28 TARSKI, Alfred: Einführung in die mathematische Logik, 2. Aufl. Vandenhoeck & Ruprecht, Göttingen 1966. Der polnisch-amerikanische Logiker gibt eine auch für Anfänger gut lesbare Einführung in die mathematische Logik.

29 WEIZSÄCKER, VON, Carl Friedrich: Zum Weltbild der Physik; 10. Aufl. Hirzel Stuttgart. Der Hamburger Naturwissenschaftler erörtert Grenzfragen der modernen Physik.

30 WHITESITT, J. Eldon: Boolesche Algebra und ihre Anwendungen; Vieweg, Braunschweig 1964. Die Darstellung des amerikanischen Mathematikers führt in verständlicher Form von der Mengenalgebra zur mathematischen Logik.

31 WHORF, Benjamin Lee: Sprache, Denken, Wirklichkeit; Rowohlts Deutsche Enzyklopädie, Bd. 174, Hamburg 1968. Die linguistischen

Untersuchungen des 1941 verstorbenen amerikanischen Anthropologen werden noch heute stark diskutiert.

32 WITTENBERG, Alexander I.: Vom Denken in Begriffen; Birkhäuser Basel und Stuttgart 1957. Das Werk des aus der Schweiz stammenden Mathematikers enthält eine Philosophie der Mathematik mit weiterreichenden erkenntnistheoretischen Fragestellungen.

33 WOHLGENANNT, Rudolf: Was ist Wissenschaft? Vieweg Braunschweig 1969 (Band 2 der Reihe „Wissenschaftstheorie – Wissenschaft und Philosophie"; herausgegeben von S. Moser und S. J. Schmidt). Der Innsbrucker Philosoph behandelt historisch-kritisch und systematisch Grundfragen der Wissenschaftstheorie.

34 Das Fischer Lexikon „Philosophie" herausgegeben von Prof. Dr. Dr. A. Diemer und I. Frenzel; Fischer Bücherei Frankfurt/M. Das Buch bietet wichtige Informationen über alle Disziplinen der Philosophie.

PERSONENREGISTER

36 G. Anders, *Philosophische Stenogramme.* 150 S. DM 6.80

37 H. Richtscheid, *Existenz in dieser Zeit.* 170 S. DM 8.80

38 M. Hochgesang, *Mythos und Logik im 20. Jahrhundert.* Eine Auseinandersetzung mit der neuen Naturwissenschaft, Literatur, Kunst und Philosophie. 2. A. 162 S. DM 8.80

39 *Einwände gegen den Katholizismus.* 212 S. DM 9.80

40 T. B. Bottomore, *Elite und Gesellschaft.* Eine Übersicht über die Entwicklung des Eliteproblems. 2. A. 178 S. DM 9.80

41 *Arzt und Recht.* Medizinisch-juristische Grenzprobleme unserer Zeit. 209 S. DM 9.80

42 G. Barraclough, *Tendenzen der Geschichte im 20. Jahrhundert.* 295 S. DM 11.80

43 *Perspektiven Teilhard de Chardins.* Acht Beiträge zu seiner Weltanschauung und Evolutionslehre. 216 S. DM 9.80

44 *Die Gesellschaft der nächsten Generation.* 2. A. 173 S. DM 9.80

45 Ch. Perelman, *Über die Gerechtigkeit.* 168 S. DM 9.80

46 L. Diez del Corral, *Asiatische Reise.* Kulturgeschichtliche Betrachtungen über den Fernen Osten. 264 S. DM 11.80

47 *Die deutsche Strafrechtsreform.* 196 S. DM 10.80

48 H. Coing, *Epochen der Rechtsgeschichte in Deutschland.* 133 S. DM 7.80

49 A. Buchan, *Der Krieg in unserer Zeit.* Wandlungen und Perspektiven – Politik, Strategie und Technik – Gefahren und Kontrolle. 228 S. DM 10.80

50 L. Janvier, *Literatur als Herausforderung.* Die neue Welt des Nouveau Roman. 196 S. DM 10.80

51 E. Preiser, *Wirtschaftspolitik heute.* Grundprobleme der Marktwirtschaft. 2. A. 221 S. DM 9.80

52 Han Suyin, *Das China Mao Tse-tungs.* 2. A. 274 S. DM 12.80

53 W. Strombach, *Natur und Ordnung.* Eine naturphilosophische Deutung des wissenschaftlichen Welt- u. Menschenbildes unserer Zeit. 208 S. DM 10.80

54 A. Gosztonyi, *Der Mensch und die Evolution.* Teilhard de Chardins philosophische Anthropologie. 264 S. DM 12.80

55 *Goethe und seine großen Zeitgenossen.* 203 S. DM 9.80

56 H. Seiffert, *Information über die Information.* 196 S. DM 10.80

57 M. Butor, *Probleme des Romans.* 158 S. DM 7.80

58 F. G. Friedmann, *Politik und Kultur.* XIV, 172 S. DM 11.80

59 N. Harris, *Die Ideologien in der Gesellschaft.* Ca. 280 S. DM 12.80

60 H. Seiffert, *Einführung in die Wissenschaftstheorie* 1. Sprachanalyse – Deduktion – Induktion in Natur- und Sozialwissenschaften. X, 281 S. DM 12.80

61 H. Seiffert, *Einführung in die Wissenschaftstheorie* 2. Geisteswissenschaftliche Methoden: Phänomenologie — Hermeneutik und historische Methode — Dialektik. Ca. 250 S. Ca. DM 9.80

62 Ph. Lersch, *Der Mensch als Schnittpunkt.* Fragen der Psychologie und Anthropologie der Gegenwart. 176 S. DM 11.80

63 *Menschenzüchtung.* Das Problem der genetischen Manipulierung des Menschen. Acht Beiträge hrsg. v. F. Wagner. 254 S. DM 12.80

Ein Sonderprospekt liegt vor.